認識責任

Responsibility

Center for Civic Education　原著
財團法人民間公民與法治教育基金會　策劃出版

國家圖書館出版品預行編目資料

認識責任 / Center for Civic Education原著；吳愛頡譯.
　--二版. -- 臺北市：民間公民與法治教育基金會，
　2012.05
　面；公分
　譯自：Foundations of Democracy：Authority,
　　　　Privacy, Responsibility, and Justice
ISBN 978-986-88103-2-7（平裝）

1.公民教育 2.民主教育 3.責任

528.3　　　　　　　　　　101006416

認識責任　　　　　　　　　　　　　　　　　民主基礎系列

原著書名：Foundations of Democracy: Authority, Privacy, Responsibility, and Justice
著　作　人：Center for Civic Education（http://www.civiced.org）
譯　　　者：吳愛頡
策　　　劃：黃旭田、張澤平、林佳範
法治教育向下扎根中心
顧　　　問：蘇俊雄、賴崇賢、康義勝
諮詢委員：民間司法改革基金會代表：黃旭田、林佳範、高涌誠、洪鼎堯
　　　　　　台北律師公會代表：李岳霖、黃啟倫、張澤平、謝佳伯
　　　　　　扶輪代表：張廼良、周瑞廷、陳俊鋒、周燦雄
編輯委員：李岳霖、劉金玫
責任編輯：許珍珍
出　版　者：財團法人民間公民與法治教育基金會　（104台北市松江路100巷4號5樓）
　　　　　　財團法人民間司法改革基金會　（104台北市松江路90巷3號7樓）
　　　　　　台北律師公會　（104台北市羅斯福路一段7號9樓）
出版者電話：（02）2521-4258　傳真：（02）2521-4245
出版者網址：www.lre.org.tw

合作出版：五南圖書出版股份有限公司
發　行　人：楊榮川
地　　　址：106台北市大安區和平東路二段339號4樓
電　　　話：（02）2705-5066（代表號）
傳　　　真：（02）2706-6100
劃　　　撥：0106895-3
網　　　址：http://www.wunan.com.tw
電子郵件：wunan@wunan.com.tw
法律顧問：林勝安律師事務所　林勝安律師

版　　　刷：2012年 5 月二版一刷
　　　　　　2019年10月二版四刷
定　　　價：150元

認識責任——出版緣起

財團法人民間司法改革基金會法治教育向下扎根中心副主任　張澤平律師

　　本書原著是美國公民教育中心（Center for Civic Education；http://www.civiced.org）所出版的「民主的基礎：權威、隱私、責任、正義」（Foundations of Democracy：Authority、Privacy、Responsibility、Justice）教材中，適用於美國3至5年級學生的部分。原著的前身則是美國加州律師公會在1968年，委託設於加州大學洛杉磯分校（UCLA）的公民教育特別委員會，所發展的「自由社會中之法律」（Law in a Free Society）教材。教材的發展集合律師及法律、政治、教育、心理等專業人士共同開發而成，內容特別強調讀者的思考及相互討論。原著架構歷經將近四十年的淬鍊，目前已廣為世界各國參考作為公民教育、法治教育的教材。出版者有感於本書的編著結合各相關專業領域研發而成，內容涉及民主法治社會的相關法律概念，所舉的相關實例生動有趣，引導的過程足以帶動讀者思考，進行法治教育卻可以不必使用法律條文，堪稱是處於民主改革浪潮中的台灣社會所不可或缺的公民、法治、人權、品德教育參考教材，因此積極將其引進台灣。

　　這本書的主題——「責任」，是公民社會展現活力的基礎。惟有人人善盡責任，社會活動才會順利運行，社會中的個人由此凝聚成發揮各種功能的有機體。書中鮮少有空泛的論述，取而代之的是一個一個發生在社會中的實例及問題，以及解決問題的思考工具（Intellectual Tool）。書中從不直接提出問題的答案，而希望師長帶著學生或讀者彼此之間，在互相討論的過程中，分享、思考彼此的想法，進而紮實的學習領會書中所討論的觀念。討論過程不僅可使這些抽象觀念更容易內化到讀者的價值觀裡，更可滙集眾人的意志，進而訂定合理的規範，是民主法治社會中最重要的生活文化。（歡迎讀者至法治教育資訊網www.lre.org.tw參

與討論）

　　引進本書其實也期望能改變國內關於法治教育的觀念。不少人認為法治教育即是守法教育，抑或認為法治教育應以宣導生活法律常識為主。然而，如果能引領學生思考與法律相關的重要概念或價值，則遵守法律規範，當是理所當然的結果。懂得保護自己權益的人，當然也應當尊重別人的權益，瑣碎的法律規定應當不必耗費大多數的課堂時數。由此當更容易理解，法治教育應對施教的素材適當的設計揀選，才能夠達到事半功倍的效果。此外，無論法治教育的施教素材為何，也應當都是以培養未來的公民為目標。過度強調個人自保的法律技巧，並無助於未來公民的養成，當非法治教育的重要內涵。現代法律隱涵著許多公民社會所強調的價值，例如人權、正義、民主、公民意識、理性互動等等，都有待於我們透過日常生活的事例加以闡釋，以落實到我們的生活環境中。未來能否培養出懂得批判性思考的優質公民，已成為我國能否在國際舞台上繼續保有競爭力，以及整個社會能否向上提昇的重要挑戰。

　　自2003年起，民間司法改革基金會即與中華扶輪教育基金會、台北律師公會共組「法治教育向下扎根特別委員會」，並由台北律師公會與美國公民教育中心簽訂授權合約，將其在美國出版的「民主基礎系列叢書－權威、隱私、責任、正義」系列出版品（含適用於美國2年級之前，及3至5年級學生之教材及其教師手冊）授權在台灣地區翻譯推廣，執行多年來，已在多所國小校園內實施教學，並榮獲教育部國立編譯館94年度、95年度獎勵人權教育出版品之得獎肯定。我們衷心期盼本書的出版能普遍喚起國人重視人權及民主法治的教育問題，並提供國民中學一套適當的教材，期待各界的支持與指教。（教師讀者若須索取本書的教師手冊，請另洽五南圖書）

張澤平

教育工作者在輔導管教學生行動中應有的理念

臺北市立教育大學教育行政與評鑑研究所教授　吳清山

　　「作為一個教育工作者，不能只有行動而沒有理念」，那麼我們該用什麼理念來回應學校場域中有關「權威、隱私、責任、正義」等問題呢？我的好朋友黃旭田律師負責的「民間司法改革基金會法治教育向下扎根中心」所出版的「民主基礎系列叢書－權威、隱私、責任、正義」就提供大家許多有意義的「理念」。

　　首先，「權威」通常就是大家公認為應該要接受的，它常以「領導人」與「規則」方式呈現。而討論「領導人」，要問的是「這是什麼職位」、「需要什麼能力」、「有多大的權力」？老師就是班級裡的領導人，負責教導學生「知書達理」，也就是幫助學生學讀書也學作人，如果學生作錯或是沒有作好，好的老師要有耐心，有好的EQ，才能循循善誘。

　　老師對學生的偏差行為依法是有「輔導管教」的義務與責任，但界限在那裡？這就涉及「權威」的另一個概念：「規則」，人類社會的規則中最清楚（明文）而且完整的就是法律。廣義的法律尚包含法規命令，甚至行政規則與釋示，目前除教育基本法明文規定老師不可體罰外，「公立高級中等以下學校教師成績考核辦法」更明文規定「違法處罰學生」、「不當管教學生」依情節要給予記大過或記過處分！然而我們不應該只是因為「畏懼」法律而不去「體罰」學生，更重要的是包括老師在內的每一個領導人都應該了解自己的「權威」有其界限，否則就會變成「濫權」！

　　其次，有關於老師的「責任」，這也絕對不只是「因為規定要記過就記過」！大家要了解，責任的承擔固然常常來自法律或命令，但更多數時候是來自「承諾」，老師應聘時都會簽署一份「聘約」，聘約上都載明要「遵守教育法令與學校規章」，老師既然應聘就是同意聘約上的要求，如果作不到，當然要負起

責任！固然現在的孩子調皮不好教是事實，但是「十年樹木，百年樹人」，學生好教，何必要老師？好的老師應該信守承諾，承擔責任。

其實教師體罰發生時，學校面對老師與家長沒有理由去偏袒任何一方，這就是「公平」，而公平就是「正義」，在「正義」的概念裡除了「分配正義」、「匡正正義」還有「程序正義」，學校在處理體罰事件中，如果更小心處理，就比較不會被質疑公正性。學校是一個教育場域，應該要有更多的包容與尊重，學校既然接納許多學生，風吹草動都會受到社會曯目，因此學校與老師對相關的程序如果能更慎重小心，確保「程序正義」，相信就不致於讓家長對於「匡正正義」的結果感到不放心。

最後談到「隱私」，很多人以為只是「保密」而已，其實保護個人資訊不讓不相干的人知道，當然是「保密」（資訊的隱私），但「隱私」的觀念不僅止於此，它更包含「不被觀察」（觀察的隱私）、「不受干擾」（行為的隱私）。有時候家長因體罰事件決定孩子轉學，讓孩子換個環境，除了有助於減輕孩子創傷的後遺症以外，也有助於孩子「不受觀察」與「不受干擾」。我更希望媒體不要一陣子就跑去報導一下「昔日受暴的孩子現在……」，在資訊自由的同時，也請給孩子多一點隱私吧。

這套書真的很棒，幾個很清楚的概念就可以幫助老師們在教育現場有正確的理念去採取適當的行動。另一方面，這套教材強調討論，更令我讚賞，因為教育的本質原本就是多元性、獨特性與價值性，因此在沒有標準答案的這套教材裡，我看到實踐教育111──「一個都不少」和「不放棄每一個學生」的可能性。所以我樂於向老師推薦！

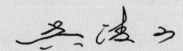

沒有標準答案的真實世界

荒野保護協會榮譽理事長　李偉文

　　大部分人從十一、十二歲開始進入前青春期，一直到十五、六歲為止，大致算是處在「情緒的風暴期」，覺得誰都不了解他，也看什麼都不順眼，從大人的角度而言，這個階段的孩子好辯，挑剔，挑戰權威，為反對而反對。

　　大人或許要了解，叛逆其實是正常的，甚至是必要的，因為叛逆是一切開創的源頭，沒有叛逆，只有依附與屈從，一切的創造與獨立就不容易發生。因為這個階段的孩子是從受父母百分之百照護之下的兒童，跨到獨立自主的成年人的過渡時期，渴望又害怕脫離家庭；在身體快速成長中，有許多狀況是他們自己不了解也無法掌控的。比如說，控制理性思考與行為的大腦前額葉尚未發育完成，往往由負責情緒活動的杏仁核來掌握行為表現，因此在理智上，青少年知道打人不好，飆車吸毒也都不好，杏仁核卻驅使他們去做，並獲得情緒上立即的滿足。

　　當我們了解這個過程時，也就能真正體會到這套「民主基礎系列叢書」的重要性。因為書裡面沒有青少年最厭惡的「道德教訓」，當大人在台上說一些自己也做不到的規範時，若孩子認為如此的成人是「偽善」時，只會加速把他們推向另外一國，形成彼此無法理解的世界。

　　因此，我覺得這套書最棒的地方是，書裡面沒有告訴我們標準答案，指導我們該怎麼做，只是丟出一個又一個我們在生活中會碰到的真實情境，勾起孩子的興趣之後，再引導他們如何去思考。書裡提供了一套思考的工具，也就是一組想法和問題，透過這些問題來引導他們學會「辨別」、「描述」、「解釋」、「評估立場」、「採取立場」、「為立場辯護」等等合乎邏輯的技巧運用，幫助我們在不同情境之下做決定並採取行動。

　　總是覺得台灣的老師或家長最大的問題就是事事都要給孩子一個標準答案去

遵循才會安心，也才會甘心，偏偏這剛好就是孩子眼中最討厭的教條與威權。其實若是我們承認在這個不斷變動且愈來愈複雜的世界裡，沒有簡單或固定不變的答案，但是我們還是可以透過這些思考的工具，共同討論出一個在目前情境下比較適切且符合大多數人利益的做法。只有大人懷抱著這種開放且多元的心態願意與孩子對話時，公民教育才有可能真正的落實，民主的素養才有可能養成。

這套書裡提供的許多故事，雖然區分為認識正義、認識隱私、認識責任、認識權威四冊，但不管是那一冊那一個故事，其中都包括了許多觀念與價值必須釐清與討論，彼此也許有衝突，在輕重緩急之下也必須要有取捨，讓孩子了解在不同社會不同情境之下或許會得出不同的解決方案，跟我們所處的真實世界是一樣，其實是沒有永世不變的標準答案。這套書裡的故事不管是老師在課堂上或家長在家裏或社區裡，都非常適合和孩子們一起演出來，透過這些擬真的情境，讓孩子從理智的認知，有機會進入到身體動作與情緒的激發，內心有感受有體會才會回應到行為習慣與價值觀的形成。

仔細看完這套叢書之後，心中最大的遺憾是許多大人在學生時代沒有上過這套課程，尤其是那些原本應該是孩子學習典範的立法委員或在電視上夸夸而談的名嘴。

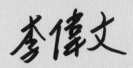

「有禮貌、更講理」的魔力種子在萌芽

財團法人蔚華教育基金會董事長　許宗賢

在一次民間司法改革基金會法治教育向下扎根中心的會議中，有位從事法治教育推廣的種子教師分享了一個親身的小故事，一群原本課後在便利商店會橫衝直撞的孩子們，在上過一系列法治教育課程之後，老闆不可思議的對老師說這群孩子最近變得「有禮貌、更講理」了！這個分享令在場的我們不禁莞爾，同時也深感欣慰，這不就是法治教育、向下扎根的目標嗎？

法治來自我們生活中的大小事，從生到死，都與每個人的生活、工作密不可分，而非單純只是在「生活與倫理」或是「公民與道德」這類教科書的單向學習裡。民間司改會法治教育向下扎根中心引進美國公民教育中心的「民主的基礎：權威、隱私、責任、正義」教材，客製化出版了適合我們自己的民主基礎系列叢書。在不一定有標準答案的世界裡，以民主法治社會的相關法律概念為核心，將人類共同生活中所面臨的問題作為範例，引導孩子們做不同的學習，多面向地思考問題所在，運用法治基礎概念和技巧，找尋線索，分析資訊，經由團隊討論，進行各種考量，共同歸結出一個解決問題最適當的方法。這一連串運用生活案例的思考和練習，不但過程有趣，沒有繁瑣死記條文的負擔，無形中，不僅習得法律相關概念，了解公民的權利與義務，懂得表達自己的見解，同時也能傾聽並接納他人的看法，法治教育與民主素養已悄然扎根。

對於法治教育向下扎根才能培養承擔責任的下一代公民觀念十分認同的我，除了肯定這套教材的出版與近期重新編修的用心外，更對種子教師的培訓和發展給予支持。感謝身為教育第一線的教師們在課程上引導孩子們進行互動式的參與，刺激更多主動學習的欲望；同時，我也鼓勵家長們利用機會教育，運用本書

作為親職教育與討論溝通的題材。在台灣民主發展前行的寶貴歷程中，我們都有機會為將來一個講理、法治的社會散播公平、正義的種子。

具體深入又生活化的品格培育

台灣師範大學人類發展與家庭學系教授　黃迺毓

　　前陣子有機會認識一位年輕人，閒聊間，我們談到職棒打假球事件，我告訴他，這個新聞令我覺得很難過，有被欺騙的感覺，對球員的品德感到失望和悲哀，也不知道以後還會不會喜歡看棒球賽。

　　相對於我的不勝欷歔，他說：「這不是他們的錯，我們職棒選手的待遇比起美國來太低了。」

　　「可是他們本來就知道他們所選擇的工作就是這樣的待遇啊，何況比起一般人，他們的薪水也不低。」

　　「哪個人不想過好一點的生活，職棒選手能打球沒幾年，能撈錢就得把握機會。」他還是認為打假球是情有可原。

　　我看著他認真的為球員「設身處地」，心裡很惶恐，這位看起來前途無量的青年，雖然坦白，他的價值觀卻令我懊惱。

　　還有一個推甄進入國立大學的年輕人，當人家向他討教推甄經驗，他輕鬆的說：「唉呀，都是我媽和她的助理幫我弄的啦！」在他人的瞪目咋舌中，他似乎覺得別人大驚小怪，媽媽是教授，為什麼不能「善用資源」呢？

　　以上是我經常遇到的例子之一小部分，我們有很聰明的年輕人，他們努力的追求成功和卓越，也都具備不錯的能力，卻在學習過程中，因著缺乏法治的觀念，無法辨別是非，即使隱約中有來自良知的聲音，卻往往敵不過似是而非的世俗價值觀。如果這些人成年後有了地位或權力，掌握了社會資源，卻因道德判斷力的偏差，不但可能殃及無辜，還可能身敗名裂。而這些品格和法治觀念的形成，非借重教育的力量不可。

　　然而，這些年來教育界成了過街老鼠，顯示民眾對教育功能的期望落空，有

人歸咎於社會風氣敗壞，有人怪罪家庭功能不彰，家長放棄管教，當然也有人指責學校的師長沒有發揮專業的影響力。在抱怨聲中，我聽到的是：我們多麼期望教育能真正切中我們的關鍵需求，讓全民的生命品質能提升。

法治教育向下扎根中心所推廣的《民主系列叢書》少年版，其教學理念與設計，是以學生學習及培養討論思辨為核心，教師引導為輔的書籍。這套叢書提供了一套很精闢又有趣的課程，談的內容是每一個人都應該要學習的，例如正義、責任、隱私、權威等，一般視為品格或品德，然而品格強調的是內在修養，殊不知藉著法治教育可以導正我們社會的人情，使之能發揮正確的功能，也藉著法治教育，讓品格的培育可以具體化、深入每個人實際的生活中。

青少年在成長過程中，能有這般的學習機會，應該可以培養出正確的法治觀念，而且因為經過自己的思考，所建立的觀念就不會輕易受到外界的污染而改變。

希望有一天，會打球的就好好打球，發揮上天給他的天分，享受練球的辛苦和賽球的刺激，而我們不會打球的人可以開開心心看球賽！

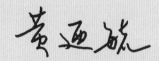

有效的公民教育方案的特徵

有效的公民教育方案，因為至少四項特徵而顯得與眾不同：

- 學生彼此間有大量互動。強調學生間互動和合作學習的教學策略，對於培養公民參與技巧和負責任的公民至為關鍵。這類教學策略的例子包括：小組合作、模仿、角色扮演和模擬法庭等活動。

- 內容需具現實性，且能平衡地處理議題。現實地與公平地處理議題，是有效的公民教育的必要元素；針對爭議的各個層面進行批判性的思考，亦同樣不可或缺。假如上課時我國的法律和政治體系被描述得彷彿完美無缺，學生會懷疑老師說話的可信度和課本內容的實際性。相反的，如果課文只列出這兩個體系失敗的例子，則會導致學生不大相信這兩個體系可用於維持社會的秩序和公平。是該尊重法律和政治體系，還是針對特定案例中體系的適用情況提出建設性的批評，兩者間應該取得平衡。

- 運用社區資源人士參與課程進行。讓學生有機會與工作於我國法律和政治體系內的各種成人角色典範互動，能使上課的效果更好更真實，對於培養學生對於法律和政治體系的正面態度，亦有很大的影響力。在課堂之中善用專業人士的參與（如：律師、法官、警察、立法者等等），能有效提昇學生對公民應有表現相關議題的興趣，使得學生對老師和學校有正面的回應。

- 校長和其他學校重要高層對公民教育堅決支持。要在校內成功推行公民教育，必須得到學校高層的強烈支持，尤其是學校校長。學校高層採支持的態度，有助於公民教育的實施，他們可以安排活動讓同儕之間能夠相互激勵、獎勵有傑出表現的老師、協助老師對校外人士說明教育計劃的內容和制訂這些計劃的根據，以及提供相關人員在職訓練的機會，以取得實踐公民教育計劃所需的知識和技能。此外，要成功施行公民教育，老師及其同事對此持正面態度是非常重要的。

前言

　　成功的公民教育方案會引導學生積極參與學習過程，以高度尊重學生作為一個個人的方式來進行。反思、省思和論述，會被重視且有計劃地達成。知識和人格的培養是同時並進的，而在我國的憲政民主體制內，此二者對於培育出負責任的公民同樣重要。我們在規劃時即致力於將上述重要特點納入民主的基礎系列課程中。

民主的基礎系列的課程理念

　　規劃這個民主的基礎系列課程，是基於一項根本假設，亦即教育能讓人更能也更有意願表現出知書達禮、認真負責的行為。因此，教育機構必須扮演協助學生的角色，讓他們更懂得為自己做出明智的選擇，學習如何思考，而非該思考些什麼。在自由的社會中，灌輸式的教育方式並不適合教育機構採用。

　　成立公民教育中心是基於一種信念，亦即以上述觀念為基礎的課程所提供的學習經驗，有助於教化學生，使他們願意理性而全心地投身落實各項原則、程序和價值觀，而這些正是維繫及提昇我們的自由社會所必須。

課程目標

民主的基礎系列課程是設計來：
- 促進對於我國憲政民主制度及這些制度據以建立的基本原則和價值觀的了解
- 幫助青少年培養成為有效能而能負責的公民所需的技能
- 增加對於作決定和處理衝突時，能運用民主程序的認識與意願，不論其是在公或私的生活中

　　藉由研讀民主的基礎系列課程，學生能發展出辨識需要採取社會行動問題的能力。他們會被鼓勵透過具知識性的問題探究，而能接受隨著享受公民權利而來的責任；一個

建基於正義、公平、自由和人權理想的社會是否得以存續，這些責任即係關鍵所在。

課程組織

　　民主的基礎系列課程不同於傳統式教材，焦點並非放在事實、日期、人物和事件。相反地，它是放在對於了解我國憲政民主制度極為重要的觀念、價值和原則。這套課程以四個概念為中心：權威、隱私、責任及正義，這些概念構成了公民價值和思想的共同核心的一部分，是民主公民資質理論與實踐的基礎。這些概念並不連續或彼此互不相連，且有時會相互牴觸。這些概念可以有許多不同的解釋，就像所有真正重要的觀念一樣。

　　老師可以在課堂上講授民主的基礎系列課程全部的內容，也可以選擇與學校或地區一般課程目標和學習成果有關的特定觀念來傳授。教導這些概念毋須按照任何特定順序，然而，假如你選定某一課教授，頂多只能完成該課之目標，而無法達到整個單元或概念的目標。

　　這套課程的四個概念各分成四個單元來探討，每個單元都是在回答一個與相關概念的內容和應用有關的根本問題。以下簡述每個概念的四個單元：

第一單元：責任的重要

　　這個單元幫助學生了解責任對個人和社會的重要性。學生檢視責任的來源，以及履行和不履行責任可能導致的結果。

第二單元：負責任的益處與代價

　　這個單元讓學生明白履行責任可能會產生某些結果。有些結果是好處，有

些則是壞處。學生學到在決定哪些責任比較重要，應該加以履行時，懂得辨別利益和損失是很重要的。

第三單元：如何選擇該負的責任

這個單元有助於學生了解我們常面臨相衝突的責任、價值和利益。學生學到一套步驟，可用於理智抉擇哪些責任應該履行，以及哪些價值和利益是應該追求的目標。

第四單元：誰該負責任

學生自這個單元學到一套步驟，可用於評估和判斷某項事件或情況應該由誰負責，決定誰應該受到讚揚或責備。

正義

第一單元：何謂正義

這個單元有助於學生了解正義相關問題可分成三類：分配正義、匡正正義和程序正義。學生學會如何分辨這三種正義問題，並解釋為什麼辨別這三種正義間的差異是十分重要。

第二單元：分配正義

這個單元有助於學生明白何謂分配正義，以及社會中個人和團體之間利益或負擔的分配是否公平。學生了解所謂的利益可能包括：工作的薪餉、發言或投票的權利；負擔則可能包括：做家庭作業或納稅等責任。學生學到一套能有效處理這類議題的步驟。

第三單元：匡正正義

這個單元讓學生了解何謂匡正正義，以及如何公正或適當地針對錯誤和傷害做出回應。學生學到一套能處理這類議題的有效步驟。

第四單元：程序正義

這個單元幫助學生了解何謂程序正義，以及用來蒐集資訊及決策的程序是否公平。學生學到一套能有效處理這類議題的步驟。

權威

第一單元：何謂權威

學生學習權力和權威間的關係，研究權威的各種來源，並藉由分析缺乏或濫用權威的情況，來建立對權威面向的認知。然後他們探討可以怎麼睿智而有效地處理這類情況。

第二單元：評估權威職位的人選及規則和法律

學生學習必要的知識和技能，而能在面臨與規則或俱權威職務者有關的問題時，做出有根據而合理的決定。

第三單元：運用權威的益處與代價

學生了解每次權威的行使，必定會為個人和社會整體帶來某些益處和代價。了解權威所產生的利益和損失是必要的，懂得分辨兩者能幫助我們決定是否要運用權威。

第四單元：權威的範圍與限制

這個單元讓學生懂得如何檢視權威職位，判斷這些職位的設計是否恰當，也要了解該如何設計權威職位，才能確保權威不會超過原先規定的範圍或被濫用。

第一單元：何謂隱私

這個單元有助於學生界定何謂隱私，了解隱私的重要性，辨識及描述不同情況中一般被視為隱私的事項，並分辨有隱私和沒有隱私的情況。

第二單元：保有隱私行為不同的原因

這個單元有助於學生了解，造成個人隱私行為不同的因素或要素。學生學到雖然所有文化當中都有隱私這個概念，但無論在單一文化中或不同文化間，個人的隱私行為常有所差異。

第三單元：保有隱私的益處與代價

這個單元幫助學生了解保有隱私會產生某些結果，有些結果是利益，有些則是代價。學生也會學到不同的人對於特定情況下隱私權是否應受到保障，可能有不同的想法。

第四單元：隱私的範圍與限制

這個單元有助於學生明白身為公民必須面對許多重要議題，其中最重要的一些議題與隱私的範圍和限制有關。我們會允許人們在哪些事情上保有隱私？什麼時候隱私必須為了其他的價值而有所犧牲？

民主的基礎系列課程雖然本質上是在講述概念，但實際卻是以學生的日常經驗為基礎。這套課程的獨特之處，在於幫助學生了解他們的自身經驗與社會和政治大環境之間的關係。

這套課程在設計上可融入歷史、政府制度、其他社會科或包括語言學之一般人文課程中。

序

　　「民主基礎系列」介紹構成憲政體制政府基礎的四個概念：權威、隱私、責任與正義。我們將會明瞭這些概念，知道這些概念的重要性。

　　要了解政府據以建立的原則，當然並不是只懂得權威、隱私、責任與正義等概念就已經足夠，不過這幾個概念將有助於我們明白憲政民主與不自由社會間的重要差異。

　　我們將會學到民主社會的一些核心價值，我們必須付出一些代價，甚或承擔一些責任。我們也會知道，很多時候我們必須在相衝突的價值及利益之間做出困難的選擇。

　　我們將有機會針對運用權威與保護隱私的情況加以討論，也會有機會根據不同的情況，決定應該如何履行責任和實踐公平正義。

　　我們會學到各種用以評估這些情況的做法和觀念，也就是本書所謂的「思考工具」。有了思考工具，我們在面臨權威、隱私、責任與正義的相關問題時，就能想得更清楚透徹，形成自己的立場，並提出支持自己立場的理由。

　　我們所習得的知識和技能，將能幫助我們面對日常生活中絕大多數的情況。而藉由獨立思考，做出自己的結論，以及為自己的立場辯護，我們就能在自由的社會中扮演更有用、更主動的公民角色。

Responsibility 認識責任

課程簡介

　　一聽見「負責任」這個名詞，我們會馬上想到什麼？是不是有什麼事該做卻沒做到呢？例如，像是只有綠燈亮時才能過馬路這一類的事情；或是想到有沒有做了不該做的事，例如，像是不可以傷害別人之類的事情呢？如果我們沒有為這些事情負起責任的話，會有什麼後果呢？

　　這本書要談的是責任和負責任的重要，以及我們該如何面對各種責任的問題。每個人在每天的生活中，不論在家裡、學校、社區裡，都會發生大大小小的責任問題。

　　我們該如何面對各式各樣的責任問題呢？這本書將針對兩個方向告訴你如何處理責任問題：第一是什麼人必須負責做某件事或不做某件事的狀況；第二，當一件事情發生後，如何決定該由誰負責任的狀況。

　　這本書將教導我們如何檢視並解決責任的問題，以及學習運用「思考工具」來尋找解決問題的方法。

單元目標

　　這個單元中所談的責任，是指一個人該做的事或是不該做的事，同學要學習找出有哪些責任存在、這些責任從哪裡來、負起責任或不負責任可能會帶來哪些獎勵或處罰，以及為什麼在家庭、學校、社區或其他任何地方，負責任都非常重要。

▎第一課　何謂責任

本課目標

　　這一課要介紹責任的概念，幫助同學們了解為什麼勇於負責很重要。

　　上完這一課，同學們必須能夠分辨在不同情況下的各種責任，知道誰對誰有這些責任，並能清楚了解這些責任的重要性。

本課新名詞　　義務　責任

學習重點 1

什麼是責任

我們知道每個人都有各種責任，「責任」究竟是什麼意思呢？

責任是有義務去做某件事，或是用某種特定的方法做某件事。
- ☑ 我們有上學的義務。
- ☑ 我們有做功課的義務。
- ☑ 我們有尊重他人的義務。

責任也可能是有義務不去做某件事，或不用某種特定的方法做某件事。
- ☑ 我們有義務考試不作弊。
- ☑ 遛狗的時候，我們有義務不鬆開狗鍊讓狗到處亂跑。
- ☑ 我們有義務不對父母言行粗魯。

● 我們對家人有哪些責任呢？

學習重點2

對誰負這些責任

因為在家裡、學校和社區中，我們都和其他的人相處在一起，所以彼此間都互相有責任。

● 人們對社區有哪些責任？

每個人對自己的家人有責任

☑ 我們有責任保持家中整潔，我們對家人有這份責任。

學生對自己的學校有責任

☑ 學生有責任準時去上學，學生對老師和其他同學有這份責任。

我們對所居住的社區有責任

☑ 我們走路上、下學時，有責任遵守交通規則，我們對路上的駕駛們有這份責任。

● 學生們對班級有哪些責任？

別人對我們有什麼責任？

☑ 父母有責任要提供住所和食物給家人們，父母對我們和我們的兄弟姊妹有這份責任。

☑ 老師有責任要教導學生，老師對我們和班上其他同學有這份責任。

運用所學技巧

1. 想想看我們還有哪些責任，列成一張表並說明要對誰負這些責任。

2. 舉例說明別人要對我們負責任的例子。

解決問題

從以下的故事中，找出與責任有關的問題，並加以說明

「阿香和十六街俱樂部」的故事，可以幫助大家思考責任的問題。以下是故事的第一章，同學們還會在其他的單元裡，看到這篇故事的後續發展。

看完第一章的故事後，請同學分組，一起回想故事，討論並回答後續問題。

阿香和十六街俱樂部（一）

阿香坐在電視機前面一動也不動，她最愛的懸疑偵探劇正進入結尾的高潮戲了。

華生醫生問：「你怎麼知道誰是小偷？」

福爾摩斯回答：「親愛的華生醫生，很明顯的就是雷其諾爵士拿走那件大衣。」

「哇！福爾摩斯又成功了，說不定將來我也可以成為像他一樣了不起的大偵探。」阿香盯著電視說。

「你要是不好好做功課，就別想！」阿香的爸爸對她說。

阿香心不甘情不願的走回書桌去寫數學作業，換爸爸坐到電視前面看新聞，「了解世界上發生哪些大事是當市民的責任。」爸爸這麼說。

第二天早上，阿香和爸爸一起吃早餐。她對爸爸抱怨：「爸爸，我真希望你星期六不必去上班。」

● 阿香和爸爸各有哪些責任？他們要對誰負這些責任？

「工作就是這樣啊！」爸爸解釋：「我在工作中可是要負很多責任呢！你和小花今天打算做什麼呢？」

阿香拍拍狗狗小花的頭，「我剛看到阿倫、欣欣和小利拿著舊木條箱子走過去，他們今天要在十六街羅媽媽家的院子裡辦活動，準備花很大的工夫把木箱組合起來，完成一個俱樂部基地。」

接著，阿香告訴爸爸，羅媽媽和他們的約定，如果大家要在她的院子裡蓋一座堅固耐用又漂亮的基地，不但要保證隨時維持庭院內外與周圍環境整齊乾淨，還必須承諾絕不發出噪音打擾鄰居的安寧。羅媽媽很信任這幾個孩子，因為他們一向說到做到。

阿香繼續告訴爸爸，阿倫、欣欣和小利告訴她關於俱樂部的計畫。

「當俱樂部落成後，我們就可以開始執行各項規劃了。」欣欣很興奮的期待著。

阿倫附和著：「是啊！能夠為社區中需要幫助的人募款，實在很棒！」

● 在這個故事裡，孩子們有哪些責任呢？

小利把該做的事項列成工作表，「要做的事情好多呢，得先釘木箱，切割出門和窗戶，然後把內牆磨平和油漆外牆。完成之後，我們要叫它十六街俱樂部。」

欣欣建議：「明天早上八點半，大家在這裡碰頭。我們早點兒開始工作，說不定一天就能做完。」

「沒問題！在離開之前，我們得先把爸爸的工具收好，要不然他下次就不會再借給我們了。」小利回答。

阿香告訴爸爸她希望其他的孩子同意讓她加入俱樂部，她也想協助社區計畫的進行。

「這就是我們今天要做的事，我要帶小花去看他們蓋俱樂部基地。」阿香說。

爸爸回答：「如果你主動說要幫忙，說不定他們就會讓你參加呢！」

「小花，你認為呢？想不想參加俱樂部？」阿香摸著小花的頭說。

仔細想想

1. 故事中哪些人有責任？
2. 每一個人各有哪些責任？
3. 每個人該對誰負責任？
4. 為什麼負這些責任很重要？

學習重點3

為什麼責任很重要

我們知道如果沒有負責任也許會遭到處罰，而勇於負責則可能會得到獎勵。

在日常生活中，我們必須仰賴他人負起應負的責任，例如，搭飛機時，我們得依賴飛機的駕駛讓我們平安抵達目的地、我們依賴塔台的飛行管制員安全的引導飛機進入正確的跑道、我們依賴航空公司的行李調度員處理好我們的行李，不會弄錯或遺失。我們必須能信賴這些人會好好地負起責任，要不然，我們就會常常擔心受怕，甚至難以過日子。

同樣的，別人也會指望我們負起我們應負的責任：例如，爸媽希望我們放學後準時回家、老師期望我們把回家功課作好。

● 為什麼人們負責任很重要？（例如：行李調度員）

活用所知

1. 請列出你在日常生活中的責任，選出其中三項為例，回答下面的問題：
   - 該對誰負這項責任？
   - 為什麼負這項責任很重要？

2. 列出別人對你該負哪些責任，選擇其中三項為例，回答下面的問題：
   - 誰該負責？
   - 為什麼這個人負責任很重要？

LESSON2

▌第二課　責任的來源

本課目標

我們將在這一課中學習責任的來源、履行責任可能帶來的獎勵，以及該負責而不負責可能會有的懲罰。

上完這一課，同學應該能說明一些責任的來源，知道負責任可能會有哪些獎勵，以及不負責任可能會導致哪些懲罰。

本課新名詞　任務分派　職業　習俗　公民準則　道德標準

學習重點1

責任從哪裡來

同學們可曾想過為什麼得負某項責任？人們必須負責任的原因很多，我們稱之為責任的來源。下面是一些常見的責任來源：

承諾：如果我們對別人承諾某件事情，就有責任「說到做到」。
☑ 我們是否曾經承諾過什麼事，並因此得負責任呢？

任務分派而來的責任：有時我們會被分派去負責做某些事。
☑ 我們曾經被老師分派去做哪些事情呢？

職業上的責任：每項工作都伴隨著特定的責任。
☑ 請同學想一個覺得有趣的工作，這個工作有哪些責任呢？

● 插圖中的人有哪些責任？這些責任的來源為何？

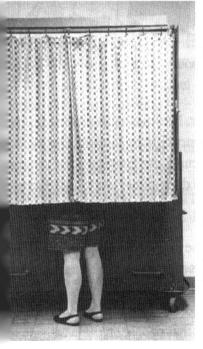

● 圖片中的人的責任來源為何？

規則和法律規定的責任：法律和規則會規定人們負起某些特定的責任。

☑ 想想看，有沒有哪些交通規則讓我們一定要負起某些責任呢？

習俗要求的責任：習俗是在一個社會中，長久以來人們公認的做事方式，習俗也會讓我們負起某些特定的責任。

☑ 想想看，有哪些責任是來自於社會習俗？

公民準則產生的責任：身為國家的公民，對國家負有一定的責任。

☑ 身為國家的公民，我們對國家該負哪些責任？

從道德標準產生的責任：對於行為是非對錯的信念。

☑ 哪些責任是來自於我們對是非對錯的基本信念？

　　同學們會發現許多責任的發生有時候不只一個來源。先前我們曾提到父母有責任養育照顧小孩，這一項責任就同時來自承諾、法律、習俗和道德標準。

LESSON2

解決問題

分辨各項責任的來源

請仔細閱讀以下的各項情況，並和同學討論，一起回答《運用所學技巧》問題。

1 小梅、佩佩和拉拉一起走路去上學，在路上看見一位拄著拐杖的老先生正準備過馬路。路上的車子很多，雖然路口有紅綠燈，老先生還是顯得很害怕。孩子們討論了一下，決定幫忙老先生過馬路，老先生非常感謝他們的協助。

2 牛先生年紀大了，沒辦法打掃自己的房子，所以他請阿南和小可每週到他家打掃一次，工作的內容包括：用吸塵器清潔地板、倒垃圾、去市場採購食物和日用品。阿南認真的做完所有的工作，小可卻老是偷懶只做一半，而且還草草了事。

● 如果有人該負責任卻不肯負責時，會發生什麼問題？

3 住在市區西邊的人，選出柯女士擔任市議會中的議員，市議會將開會決定是不是該增收市民稅金，用來在市區的東邊蓋一座公園。柯議員知道市區的東邊真的很需要一座公園，但是她也明白住在西邊的居民並不想多繳稅金去建一座位在東邊的公園。

運用所學技巧

1. 前述各狀況中，哪些人有責任？
2. 這些人各有什麼責任？
3. 這些人要對誰負哪些責任？
4. 前述各狀況中，每一項責任的來源為何？
5. 為什麼負責任很重要？

學習重點2

負責任可能得到什麼獎勵

負責任通常都可以得到一些獎勵或益處。例如，如果學生天天準時上學，就可能得到全勤獎。不論是哪一種獎勵，都會讓我們覺得自己很棒，因為知道自己做得很好。

☑ 如果我們好好做功課，老師會稱讚我們是一位負責任的學生。

☑ 如果我們好好做功課，就會得到好成績，爸爸媽媽會很開心，我們也會覺得自己很棒。

● 學生好好的負起做功課的責任，可能帶來什麼獎勵？如果不好好負責任，可能會得到什麼處罰？

運用所學技巧

1. 舉出一個你已經負起的責任，你得到了什麼獎勵呢？

LESSON2

學習重點3

不負責任可能會得到什麼處罰

　　有時候我們沒有負起應負的責任，可能會因此受到處罰。例如，我們沒有寫功課，就沒有分數；駕駛人如果不遵守交通規則，就可能會被警察開罰單。還有一種處罰是當我們沒有負起應負的責任時，就會對自己產生一些負面看法，或是別人也會對我們產生一些負面看法。

☑ 如果有人向朋友借了10元，結果忘了還錢，朋友會認為這個人不值得信任，以後再也不借錢給他了。當一個人沒有好好負責任的同時，對自己的感覺也不好。

● 為什麼負責任很重要？

運用所學技巧

1. 想想看你有哪些應該負責而沒有做到的責任呢？結果受到什麼處罰？

解決問題

找出故事裡的獎勵和處罰

　　請先閱讀「家庭野餐」的故事，然後分組和同組的同學一起完成第19頁的「責任表」。

家庭野餐

1 星期五下午一放學，阿妹迫不及待的趕緊衝回家去幫爸爸媽媽準備食物，因為他們早就計畫好了星期六全家要去野餐，阿妹要幫媽媽烤地瓜餅。

2 阿妹的哥哥小傑負責打包食物和餐具，放到野餐籃裡面，媽媽特別交代一定要放進去足夠的盤子、杯子、刀、叉和湯匙，好讓每個人都夠用。

3 以往每次家庭野餐，爸爸都會為大家準備他特製的雞肉，可是這回爸爸星期五晚上得加班，所以爸爸決定星期六早上，到巷口的燒烤店去買烤雞。

4 星期六全家到附近的公園野餐，他們看見公園裡有標示野餐區的告示牌，於是照著指示到野餐區。

5 擺好野餐桌、放好食物，大人們打開收音機收聽關於選舉的新聞，新聞播報說本市這次的選舉，去投票的人很少。

6 吃完餐點後，大家開心的玩棒球、賽跑，輕鬆的渡過一天。回家前，全家一塊兒打包收拾垃圾，把野餐區域清理乾淨。

活用所知

1. 欣賞一個你最喜歡的電視節目,從中找出人們該負責任的例子,並對班上同學說明節目中有哪些責任、誰該負起這些責任、各項責任的來源,以及負責任有什麼獎勵,不負責任會遭到什麼處罰。

2. 撰寫一則內容是有關一個人不肯負責任的短篇故事,告訴大家這個人沒有做到該做的事,並說明這個人為什麼會有那樣的行為表現。

責任表						
	1	2	3	4	5	6
1. 誰有責任？						
2. 有哪些責任？						
3. 該對誰負責？						
4. 這些責任的來源為何？						
5. 負責任可能帶來什麼獎勵？						
6. 不負責任可能得到什麼處罰？						

UNIT 2

● 請看圖中的各人物，說明負責任會帶來什麼好處？得付出什麼代價？

單元目標

　　現在同學們應該對什麼是「責任」有相當清楚的概念了，也知道為什麼負責任很重要的原因。然而，正如生命中許多事情一樣，負責任對我們有利，卻也會產生一些問題。

　　當我們負起某項責任時，可能會產生好幾種結果，有些結果是有利的，對事情有好處。例如，把功課做得很好，老師會讚美我們，給我們好成績，我們也會對自己的表現感到滿意。

　　但是，有時候負責任的結果也會產生問題，或是得付出代價。例如，為了把作業做得很好，就得花很多的時間在寫作業上，相對的，休閒娛樂或是和朋友去玩的時間就減少了，這就可能是負起寫好功課這項責任的代價之一。

　　在這個單元中，我們要看看承擔責任帶來的各種益處和必須付出的代價，幫助大家更清楚的考量要不要去承擔某項責任，同時也能了解責任的重要性。

LESSON3

▍第三課　負責任的結果

本課目標

在這一課，同學們將學習負責任帶來的益處，以及必須付出的代價。上完這一課，同學們應該能說明在一般情況下負責任產生的益處和代價，也能分辨在特殊情況下負責任的益處和代價。

本課新名詞

益處　結果　代價　更高階的法律　民意論壇
可預測性

學習重點1

履行責任會有什麼結果

當我們履行某項責任時，就會有特定的結果產生。例如，若是同學參加學校裡的社團、校隊或學生自治市，屬於自己的自由時間就可能被佔用去參與這些活動，或是需要花許多時間與精力和老師、同學們討論校園中的各項議題，才可能協助學校做出適合的決定，讓學校經營管理得更好。

在學校裡，有些人認為能夠為別人做重要的事情的感覺很棒，因而很喜歡為別人服務，有些人則不以為然。不論如何，我們不需要去迎合每個人的不同喜好。因此，當我們考慮是不是要承擔一項新的責任時，必須同時衡量不同決定帶來的不同結果。

●成為班級代表候選人，會帶來什麼結果？

找出承擔責任帶來的各種結果

　　還記得「阿香和十六街俱樂部」的故事嗎？前面我們提到阿香想幫助朋友們建造俱樂部基地，請同學閱讀以下故事，分組、然後一起仔細討論內容，並回答後續問題。

阿香和十六街俱樂部（二）

　　「快一點！小花，如果想要幫忙蓋俱樂部基地，我們就得趕緊出發！」阿香一邊用力拉著小花的項圈一邊說：「你知道嗎？我希望如果我向大家表示我想幫忙，他們就會讓我加入。小花，你知道能參與社區計畫的感覺有多棒嗎？」

　　阿香帶著小花走到靠近欣欣、阿倫、小利工作的地方，看到阿倫正要把幾個大木條箱拉在一起，欣欣和小利則是在一旁用砂紙把木板表面磨平。

　　這時，剛好阿倫也看見阿香了，「你們看！阿香正在看我們。」

　　「如果她有興趣的話，說不定願意過來幫忙，」小利很興奮的說。

　　「我們真需要她的幫忙呢！」阿倫也很同意。

　　欣欣很高興並向大家建議：「讓我們問問她，如果她肯來幫忙的話，我們就邀請她成為我們俱樂部的第四名會員！」

　　小利叫住阿香問她要不要來幫忙，並且告訴阿香如果她願意幫忙的話，就可以成為俱樂部的會員。阿香告訴他們自己一點也不懂蓋房子的事情，於是他們拉起阿香的手走進院子裡，對阿香大聲的說：「沒問題，我們教你。」

●如果阿香加入十六街俱樂部，會發生什麼結果？

「就這樣，接著我們就一起工作了好幾個小時。」傍晚的時候，阿香把經過情形告訴爸爸，「他們教我如何磨平木板和漆油漆，很好玩，可是也很費力，真把我累壞了！如果阿倫準時的話，明天應該可以大功告成。」

聽了阿香的話，爸爸顯得有點失望：「我本來打算明天帶你去看電影呢！」

「沒關係啦！爸爸，我答應你下星期天一定陪你去。」阿香回答：「我們說好明天下午一點鐘集合，如果有人沒準時出現在俱樂部基地的話，就會被踢出去不能參加了。」

爸爸笑了：「好吧！不過可別忘了餵小花喔！」

●阿香加入十六街俱樂部可以得到什麼益處？她得付出什麼代價？

仔細想想

1. 阿香要負哪些責任？
2. 阿香承擔的每一項責任，各會帶來什麼結果？
3. 哪些結果會對阿香有益處或有幫助？
4. 哪些結果阿香得付出代價或帶來損失？
5. 在這段故事中，你認為益處還是代價最重要？為什麼？

學習重點2

哪些是負責任常見的益處和代價

我們知道負責任會帶來一定的結果。有些結果對我們有益處，有些結果則需要付出代價，讓我們一起來看看負責任常見的益處和代價。

對別人的益處
- ☑ **可預測性**：當人們都對該做的事情好好負責任時，我們就能放心的期待別人的工作成果。
- ☑ **安全感**：當我們知道別人會負責任時，我們覺得很安心。
- ☑ **有效率**：如果每位參與工作的人都好好負起該負的責任時，就能更輕鬆、迅速的把工作完成。
- ☑ **公平**：如果每個人都分擔一部分工作，就不需要有人多做超過他該做的部分。
- ☑ **團隊精神**：如果團體中的每一份子都負起自己的責任，就能為團體創造共同的光榮。

對負責任的人的益處
當一個人履行應負的責任時，他會對自己感到很滿意，並因此而對自己產生信心，有獨立感，也能獲得別人的肯定。一般而言，負責任的過程也會幫助我們學到新的知識或技能，有時還可能獲得金錢的回報或物質的獎賞。

運用所學技巧

1. 以上所述，這些負責任的益處，如何套用在「阿香和十六街俱樂部」的故事中？

負責任的人要付出的代價

☑ **感到有負擔**：負責任的同時往往必須要付出時間、金錢或體力。

☑ **必須犧牲其他的興趣**：當我們接受某項責任時，能用來做其他事情或是休閒娛樂的時間，也就相對的減少了。

☑ **覺得討厭、感到憤怒**：有時我們會因為被強迫去做應該做的事而感到憤怒、厭惡。

☑ **害怕失敗**：我們可能擔心沒有能力把該做的事情做好，或是害怕會被處罰。

☑ **感覺不公平**：有時候如果某一個人負擔了大部分的工作，而其他的人又把所有的工作都推給他，這就是沒有公平的分擔。

代價

為得到某個東西或達成某項事務，而遭致損失或不利的結果。

● 圖中的保姆為了負責照顧小嬰孩，得付出哪些代價？她可能有什麼感覺？

運用所學技巧

1. 以上所述，這些負責任的益處，如何套用在「阿香和十六街俱樂部」的故事中？

解決問題

分辨負責任的益處和必須付出的代價

下面是一則發生在一百多年前的真實事件，主角是哈莉特‧塔布曼女士，她承擔了一項非常艱辛困難的責任，故事發生在西元1861年美國內戰之前（也就是美國歷史上著名的南北戰爭）。當時，美國南部有許多州都允許奴隸制度存在，還規定幫助奴隸逃亡是違法的行為，必須接受法律嚴厲的制裁。然而，還是有很多人認為奴隸制度是錯的，哈莉特‧塔布曼就是其中之一。她相信人生而平等自由[1]，且應該為這樣的理念負責任，因此她積極提倡應該幫助奴隸逃亡，爭取自由。

請同學們仔細研讀「自由的導航員──哈莉特‧塔布曼」的故事，然後分組、一起討論回答《運用所學技巧》的問題。

「自由的導航員──哈莉特‧塔布曼」（Harriet‧Tubman）

所謂的「地下鐵道」既非火車的鐵路，也不是在地面下的道路，而是一種幫助人們逃脫奴隸制度的系統管道。這種系統管道是讓奴隸得以從一個善心人的地方移向下一個善心人，他們祕密的從一間房子移到另一間房子、從一座教堂移往另一座教堂，有時騎馬、有時步行、有時坐車，有時也會搭火車。

不論白晝或是黑夜，也不論春夏秋冬，逃亡的奴隸們隨著「地下鐵道」往北方移動，一路上危機重重。因為，美國南方各州一旦抓到逃亡的奴隸或協助他們逃亡的人，都會處以非常嚴厲的酷刑。

「地下鐵道」的最主要領導者是哈莉特‧塔布曼女士，她親身潛入南方各州十九次，幫助超過三百人逃到北方獲得自由。

註[1]：此處原文是：……她相信人們應該對「更高階的法律」，以及更崇高的理想負責任，因此她積極提倡應該幫助奴隸逃亡，爭取自由。而「更高階的法律」是指：位階高於其他法律的一項或一組法理原則，常常是指憲法的規定或憲法內涵的原理原則。

　　有很多人認為塔布曼女士是罪犯、逃犯，他們主張如果哈莉特認為法律是錯的，就應該想辦法改變法律，而不該直接去做違法的事情。有一度，南方各州政府還曾經懸賞40,000美元想要逮捕塔布曼女士。

　　塔布曼女士形容她自己逃亡獲得自由的經歷說：「我真不敢相信，我終於得到自由了！周圍是一片勝利的光芒，陽光從山頂穿過樹叢照耀在大地上，我居然是自由人了！」於是，她下定決心要幫助其他的奴隸，好讓他們也能像自己一樣，享受到自由的歡欣和喜悅。而這些人的歡欣及喜悅，就是對她最好的回報。

　　美國內戰結束之後，塔布曼女士仍不改初衷堅持她的理念，終其一生都在為婦女、兒童、貧民和老人爭取權益而努力，並盡全力為婦女爭取投票權。西元1913年，塔布曼女士去世時，美國贈與她極高的榮耀，並將她埋葬在紐約州奧本市的國軍公墓之中。

● 對塔布曼女士而言，負責任的益處比較重要？還是要付出的代價比較重要？為什麼？

運用所學技巧

1. 在這個真實事件中，哈莉特・塔布曼承擔了什麼責任？
2. 哈莉特・塔布曼自己和其他的人履行這些責任，產生了什麼結果？
3. 哪些結果是益處？
4. 哪些結果必須付出代價？
5. 你覺得哪些益處和代價最重要？為什麼？
6. 你會像哈莉特・塔布曼做一樣的事情嗎？為什麼會？或為什麼不會？

活用所知

1. 請學生分組製作哈莉特・塔布曼那個時代的報紙，上面刊載著她利用「地下鐵道」幫助奴隸逃亡的故事，並在報紙上設計一欄「民意論壇」。首先，畫一幅漫畫說明哈莉特・塔布曼擔負起協助奴隸逃亡的責任而帶來的益處和所付出的代價。

   接著，請嘗試以下面各種不同的角色，投書給報紙的編輯。每一封信都可以對哈莉特・塔布曼所負的責任表達不同意見。每位小組成員都應分配從以下不同人物的身分和角度，寫一封讀者投書。
   ● 一名奴隸。
   ● 一位擁有奴隸的主人。
   ● 一位認為不應該用任何藉口破壞法律規範的人。
   ● 一位相信人們應該贊同「更高階的法律」，並為更崇高的理想而加入「地下鐵道」工作的人。

   最後，把每一組製作完成的「民意論壇」貼在公佈欄上。

2. 擔任調查員，請教老師和圖書館管理員，蒐集在我國的歷史中負起重責大任的歷史人物的資料。向全班同學報告他們的故事，並說明他們所負的責任有什麼益處，以及他們付出了哪些代價？如果換成是你，你會和他們做相同的決定嗎？如果會，為什麼？如果不會，又是為什麼？

LESSON4

第四課　如何決定負責任的益處勝過要付出的代價

本課目標

在這一課中，我們要學習如何決定要不要負起一項新的責任，同學們會先學到用一組問題來幫助我們做決定，這組問題稱為「思考工具」。「思考工具」中所提的問題，可以用來幫助自己或別人判斷要不要負擔某一項責任。

上完這一課，同學們應該能夠說明什麼是判斷是否該負責任的「思考工具」，並且能靈活運用以幫助我們作決定。

本課新名詞

思考工具

學習重點

在決定是否要承擔某項責任時之前，應先做哪些考量

我們常常得決定是否該去承擔某項責任。例如，要不要答應幫鄰居看小孩，或是要不要自願參加學校的某項活動。

就像要做蛋糕或修車之前，我們會先準備好所需的工具。在決定要不要去負起某項責任時，我們也必須做好準備，先問自己一些問題，這些問題叫做「思考工具」，我們需要「思考工具」來解決作決定的問題。

解決問題

如何決定是否應該承擔某項新責任

「學生自治會代表」是一篇關於決定是否要負責任的故事，讀完故事內容後，跟你的同伴分組討論，一起完成「決定是否要承擔某項責任的思考工具表」，並回答《運用所學技巧》的問題。

● 為什麼不同的人對負責任的益處和代價有不同看法？

學生自治會代表

每個新學期開始時，博愛小學的每一個班級都要舉行學生自治會代表的選舉，各班要選出一位學生來代表自己的班級參與學生自治會。這些學生自治會代表必須每週舉行一次午餐會議，討論學校裡面發生的各項問題，並用投票的方式來決定解決問題的方法，同時也負責校園中各項學生活動的計畫。

　　小杰是六年級的學生，班上的同學都很喜歡他，因為他很會計畫和舉辦各項班級活動。一天，在回家的路上，小杰的好朋友莎莎告訴小杰，她想提名小杰擔任班上的學生自治會代表，小杰聽到後不知道該怎麼決定。

　　回到家後，小杰問姊姊的意見，因為姊姊曾經擔任過一年的學生自治會代表。姊姊說：「我也不確定如果重新再來一遍，我還會不會願意參加學生自治會？因為，你得犧牲午餐的時間，沒辦法和好朋友一起吃飯。有時候，也不能和好朋友的意見或立場保持一致。小珍為了去年我在學生自治會對穿制服的規定投贊成票的事，直到現在都還不肯跟我說話。我必須依照大多數同學的意見來投票，這樣就會得罪其他的人，認為我不公正。」

　　小杰的哥哥聽見他們的談話，馬上跑過來加入討論。哥哥說：「被班上選出來成為學生自治會代表是很光榮的事呢！你可以協助同學對學校事務該如何運作表達意見，也可以學習到關於如何經營管理學校、如何有效地與人溝通，以及民主如何運作等方面的知識。不必再像一般的學生只能抱怨學校哪裡不好，你有能力、有機會去改變校方的運作方式。負起這項責任會是有很有助益的人生經驗呢！」

　　第二天早上，小杰仍然無法做決定。然而，他必須在到學校之前決定好是否要接受這項重責大任。

運用所學技巧

1. 小杰的哥哥和姊姊對擔任學生自治會代表的事情有不同的看法，為什麼他們對接受新責任的益處和代價的看法不同呢？
2. 「思考工具」如何幫助你決定要不要接受一項新的責任？
3. 在你的生活中，是否曾經有某些狀況是你必須先知道負責任的益處和代價，然後才能決定要不要承擔這份責任呢？

活用所知

1. 想一個有趣的責任，列出一旦承擔這項責任會帶來的所有結果，哪些會為你帶來益處？哪些得付出代價？得到益處比較重要，還是要付出的代價比較重要？寫下你的決定和理由。

2. 在報紙上找一篇關於某個人承擔某項責任的報導，並以這個例子說明如何運用「思考工具」幫助那個人作決定。

決定是否要承擔某項責任的思考工具表	
1. 現在小杰正在考慮要不要承擔的責任是什麼？	
2. 這項責任是要對誰負責？	
3. 這項責任的來源是什麼？	
4. 承擔這份責任後會產生什麼結果？ 　a. 哪些結果會帶來益處？要付出哪些代價？ 　b. 你認為哪些益處或是代價最重要？為什麼？ 　c. 為什麼人們看待益處和代價的角度有所不同？	
5. 如果是你，你會怎麼做？為什麼？	

▌第五課　如何運用所學的技巧決定是否要承擔新責任

本課目標

　　現在同學們已經學到了在決定要不要承擔責任時，應該先了解的問題。在這一課，我們要運用「思考工具」所列出的問題，來幫助我們決定要不要承擔某項責任。

　　上完這一課，同學們必須能夠說明如何運用「思考工具」來評估各項狀況，以便決定在不同的情況下是否應該去承擔新的責任。

本課新名詞

大使　人道主義

參與總統會議

如何衡量、決定或支持是否應該援助其他國家

　　在緊急情況下，有時一個國家必須尋求其他國家的援助，特別是在發生重大的天然災難的時候。這時，被請求的國家的總統就必須決定要不要承擔援助他國的責任。

　　但是，總統並不可以一個人單獨作決定，他必須請教很多人的意見。在「颶風吉伯特」的例子中，美國總統除了詢問外交大使和災難救助組織的意見之外，還必須和國會討論，因為國會代表人民的意見並控制政府經費的運用。

大使

代表一個國家駐守在另一個國家的政府官員。

　　請試著用《運用所學技巧》練習，為是否要接受一項新的責任做個明智的決定。你要為美國總統決定該不該幫助別的國家解決問題。請先詳讀「颶風吉伯特」的故事，然後由老師將全班分組，進行後續的各項練習。

颶風吉伯特

　　X國是位於美國東南方的一個中型島國，四周被大西洋環繞著，該國境內人口分布非常不均衡，有些人很貧窮又沒有工作，有些人則極為富裕。

　　過去幾年，這個國家的政府努力增加人民的工作機會，並致力發展觀光業。X國的東邊海岸風景秀麗，是觀光的勝地，不論政府官員、企業家、商人和銀行都看好深受觀光客喜愛的東海岸地區。他們在岸邊蓋了一間又一間的大飯店與各式各樣的休閒渡假中心，並建設許多大型的村莊，以便讓在飯店和渡假中心工作的人有住宿的地方。東海岸那一帶原本存在那些又小又窮的聚落，現在也因為在飯店和渡假中心工作的人潮急速增多，而變成了大城鎮。

　　X國這個國家每年都受到颶風的威脅（美洲各國所謂的「颶風」，就是我們亞洲常見的「颱風」）。東海岸更是屬於颶風常常直撲而來的迎風面，儘管

人們了解當颱風來臨時，可能會對身家性命和財產造成非常大的損失，然而他們還是不顧一切地拚命在東海岸蓋遊客渡假中心。

　　昨天，X國遭到強烈颱風「吉伯特」的侵襲。這個颱風在東海岸造成了極大的損害，強風和大浪席捲和摧毀無數岸邊的房屋，水陸交通全面中斷，數以萬計的人民受到不同程度的輕重傷。很多家庭頓時無家可歸只得露宿街頭，既無乾淨的飲用水或食物等民生必需品，更沒有任何醫療用品，飯店裡擠滿了受傷的旅客和當地的居民。

　　X國總統透過派駐在美國的大使，向美國總統請求援助。希望美國能對他們立即展開緊急救援工作，包括給予傷患適當的醫療照顧、派軍隊守衛各城鎮穩定人心，以預防不肖份子在受災城鎮中趁機製造暴亂燒殺擄掠。還有，希望美國政府能貸款給他們，以進行災後的整頓工作等等。

　　美國總統在收到緊急救助的請求後，立即召集各部會的首長開會決定要不要承擔這一項責任。他知道如果美國不立即伸出援手，颱風「吉伯特」造成的損害還會持續擴大，X國復原的時間將會拖延得更長。同一社區裡的人們應該要互相幫助，而整個世界更是各國共存共榮的大社區，每個國家之間都需要互相幫助。

美國總統知道X國政府打算在原來的區域進行重建工作，但是因為颶風的緣故，X國的東海岸地區實在不適合再像以往那般地持續進行開發。美國總統也認為，當地的企業家和生意人應該有能力站出來，為自己的國家和人民盡一份心力，向美國借錢和尋求物資協助的代價其實是相當高的。

美國總統必須請教顧問們、部會首長，以及其他熟悉這一類狀況人士的意見，然後儘快做出決定。

準備參與總統會議（一）：參與總統會議的各組成員及立場

老師會將全班同學分成幾個小組，其中一組擔任總統和幕僚人員，其他各組則必須從不同的立場，對是否負起援助X國的這項責任，向總統提出建議。

■ 第一組：總統和幕僚

到目前為止，你們都還無法決定美國政府應該提出多少援助，X國是和美國互相往來密切的鄰國，但是X國政府卻常常做出錯誤的決定，而且就是這些錯誤的決定，才會導致今天的問題如此嚴重。從另一個角度來看，貧窮弱小的鄰國不可能成為好的經濟夥伴，如果X國在外交上對美國的態度友善，本身又具備良好的工業水準，美國也會得到很大的好處。如果X國全國能夠穩定發展，也就更有能力購買許多美國的產品。

■ 第二組：X國的大使

美國政府應該要趕快回覆X國的請求，你們急切希望得到美國政府的立即支援，X國的百姓急需外國的協助來重建家園，X國的政府也需要財務協助來重建觀光產業。

■ 第三組：海外救援組織的官員

你們的工作是協助尋找這個區域中的其他救援組織來分擔救援的工作。因為你們的預算很有限，並且相信法國、德國、日本等各國都應該願意提供協助，況且你們這個組織還須負擔對世界上其他地區的救援責任。

■ 第四組：紅十字會代表

你們覺得對遭受苦難的X國人民的救援工作非常緊急，希望儘可能的幫助他們獲得金錢和物資上的支援。你們認為既然美國有全世界最先進的科學和技術，就應該運用在需要的人身上，因此應盡所能的給予醫療器材、臨時淨水廠、組合屋，以及其他急切需要的物資。同時你們認為如果有必要的話，美國政府應該考慮提供一項長期的重建貸款，但是也認為X國絕對不能再繼續在東海岸地區進行重建工作了。

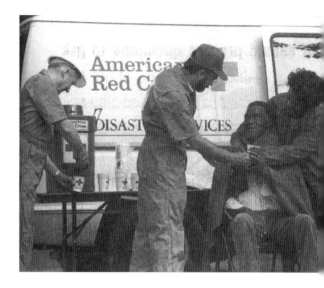

■ 第五組：美國國會外交委員會的委員

你們負責對其他國家提供經濟、科技和人道主義的援助，以及對外國貸款的各項事宜，同時也負責考量美國在海外的商業益處。你們不喜歡X國的政府，因為他們明明知道那是颶風區域卻還過度開發，這次遭受颶風的災害是罪有應得。因此，你們認為現在對他們提供任何協助都是濫用資源。

人道主義

致力於增進人類幸福、減少人類苦難的各項主張。

準備參與總統會議（二）：各組職責以及和總統開會的事前準備

總統和幕僚人員小組要完成「決定是否要承擔某項責任的思考工具表」、負責主持會議程序，同時還必須準備徵詢各小組提出的問題。

每一組必須先進行下列各項工作：
- 選出一位發言人，負責在會議中代表小組發言
- 大聲唸出來每一組所扮演的角色
- 完成「決定是否要承擔某項責任的思考工具表」
- 決定承擔這項責任與不承擔這項責任各有什麼結果，哪一項是你們這一組在會議中要強調的？

● 從小組的立場，在總統的會議上做一個簡短的報告，同時必須準備好回應總統或是幕僚人員可能提出來的問題。

參與總統會議的進行程序

美國總統宣佈開會了，首先是每一組輪流作簡短的報告，說明援助X國可能發生的所有益處與壞處。聽取各組的報告之後，總統和幕僚人員可以向各組發問。

各組報告完畢後，總統和幕僚人員必須仔細討論，一旦援助X國可能發生的所有結果，包括益處與所要付出的代價，並評估在這樣的狀況下，哪一項結果最重要。

最後，總統和幕僚人員必須做出決定，並向全班同學說明如此決定的理由。

仔細想想

1. 你同不同意總統和幕僚人員的決定？為什麼？
2. 為什麼每一組各有不同的看法？
3. 這個問題有沒有其他的解決方法？
4. 在這個情況下，作決定時，「思考工具」幫了你什麼忙？

UNIT 3

● 這幅圖畫中有哪些不同的責任？你會選擇承擔哪一項？為什麼？

單元目標

　　想一想，同學們平常必須負起哪些責任？有沒有其他責任是我們也想要承擔的？除了承擔這些責任之外，同學們還對哪些事情感興趣？

　　再想想看，我們的時間和體力，能夠讓我們同時去做所有感興趣的事，並承擔所有的責任嗎？當然不可能。

　　每一個人，包括你我在內，都會因為時間和精力有限，而必須在完成責任和自己想做的事情之間作選擇。有時候，我們也必須在無法兼顧的多項責任和其他想做的事情之間作選擇。那麼，我們如何才能做出好的決定呢？

　　在本單元中，同學們會學到一組新的「思考工具」，幫助我們在無法兼顧的多項責任和其他的重要事件中作抉擇。

第六課　何謂無法兼顧的責任

本課目標

　　有時候，我們不知道該如何面對同時有多項責任卻無法兼顧的狀況，在這一課中，我們將學習如何辨認哪些是無法共同存在的多項責任、這些責任的價值，以及各項責任的利益。

　　上完這一課，同學們應該能說明什麼是無法兼顧的多項責任，以及這些無法同時存在的責任的個別價值和利益。

本課新名詞　衝突　無法兼顧　價值觀　利益

學習重點

什麼是無法兼顧的責任

　　同學們有沒有碰過必須同時承擔很多責任，卻超過自己能力所能處理的範圍？這時，我們該怎麼樣決定要選擇哪一項工作？

　　一個人有沒有可能在承擔所有的責任的同時，還有時間做自己想做的事呢？幾乎不可能！我們常常會同時面臨兩件或兩件以上的責任，卻只能選擇完成其一，這些就是我們所稱「無法兼顧的責任」。

在考量應該如何選擇並承擔責任時，我們常會碰到以下兩種類型的難題：

1. 有時候，兩項責任互相衝突，無法兼顧，或是至少不可能在同一時間完成這兩項責任。

   ■ 明天上午十點鐘你要參加自然科的考試，又和牙醫約好要去看牙齒。

2. 有時候，我們的價值觀念和利益，與所要負擔的責任內容有衝突。

   ■ 所謂的「**價值觀**」，是指我們覺得某些事是對的或好的，因而想要去完成或保有。像公平、仁慈、誠實、忠誠都是有價值的，其他像友誼、隱私和自由也都是有價值的。

   例如：如果我們看見好朋友在考試的時候作弊，我們的價值觀告訴我們對朋友應該要忠誠。然而，這個價值觀卻跟知道班上發生了不對的事情，應該要告訴老師的責任互相衝突。

   ● 圖中有哪些無法兼顧的責任？哪一項最重要？為什麼？

   ■ 所謂「利益」，是指我們想要獲得的某項事物，像是可以自由運用的時間或是身體的健康。

   例如：大家都知道規律的運動，以及良好的飲食習慣有益身體健康，我們有責任要盡量維護自己的身體健康。但有時候，我們卻又很喜歡整天坐著看書，還超愛喝汽水和吃洋芋片。

   有時候，當我們決定承擔某項責任時，就必須犧牲另一些重要的價值或利益，或是為了保有某些重要的價值或利益，而放棄履行某項責任。有些時候，我們在無法兼顧的責任、利益和價值之間作抉擇很容易；有的時候卻非常困難。

找出故事中有哪些無法兼顧的責任

　　記得嗎？在先前「阿香和十六街俱樂部」的故事中，阿香和她的朋友們正忙著建造他們的俱樂部基地。他們約定第二天中午一點鐘要見面，如果有人遲到，就會被俱樂部除名。請閱讀以下的故事內容，分組討論並回答後續的問題。

阿香和十六街俱樂部（三）

　　阿香央求爸爸：「我得在一點鐘之前準時到羅媽媽家，我根本沒時間吃午飯啊！如果遲到的話，就會被踢出俱樂部。」

　　「我也有我的責任，」爸爸解釋：「我必須要確保你健康的成長。所以，請你帶著果汁和三明治到那裡吃。下次，我們可以早一點吃午餐，我喜歡吃飯的時候有人和我作伴。」爸爸給阿香一個大大的擁抱：「我很高興妳交了新朋友，而且還和大家一起做好事。」

　　阿香和小花衝出門去找她的新朋友們，當跑到街口的轉角時，因為速度太快一下子停不下來，差點兒撞倒一個小男孩。這個看起來才四歲左右的小男孩，被嚇得說不出話來，像豆子般大顆的眼淚沿著他的雙頰向下滑落。阿香停下來四處尋找小男孩的父母，卻沒有發現任何大人的身影。

　　阿香問小男孩叫什麼名字？家住在哪裡？「我不知道。」小男孩眼眶含淚只回了這句話，他看起來非常難過。

　　阿香說：「小花，他好像迷路了？他一定是從住家附近走失了，一直走到這邊，該怎麼辦才好呢？我們不能把他一個人丟在這裡不管，可是我們也不能遲到啊！」

●阿香有哪些無法兼顧的責任？

在俱樂部基地這邊，大夥兒也都很不高興。欣欣看著手錶上的指針已經走到一點鐘了，「阿香到哪兒去了？」她問。

「她應該要打電話給我們，打給我們任何一個人都可以啊！我覺得我們應該堅守原則，判阿香出局。」小利說得頭頭是道。

這時的阿香心裡著急得不得了，拚命地想著該怎麼辦才好，她看小男孩還這麼小，應該不可能從太遠的地方走過來。她可以陪伴在小男孩身邊，等他的爸媽找到這裡來。但是，那就不知要等到何時？或者，她可以回去請爸爸來陪這個小男孩。如此一來，她就得先帶小男孩回家。可是，萬一他們走開時，小男孩的爸媽剛好找過來，那該怎麼辦？現在不管怎麼做，她確定遲到了。

「等一下，我想到了！在第十二街上有一所兒童樂園，小男孩很可能就是從那裡走過來的。」

●對阿香來說，在決定是否要履行照顧小男孩的責任時，必須考量哪些價值和利益呢？

阿香牽起小男孩的手開始往前跑：「小花，趕快！我們試試看。」

「小特，原來你在這兒！」當阿香帶著小男孩和小花一轉進十二街時，一位太太大叫起來，小男孩聽見媽媽的聲音也開始大喊：「媽媽！媽媽！」

阿香告訴小特的媽媽她在哪裡發現小特，以及她如何想辦法幫忙小特找到爸爸媽媽的經過。

小特的媽媽對阿香說：「你真是個聰明的好孩子！我不知該如何表達我的感謝，真感謝妳肯花這麼多時間幫我的孩子！」

一聽到時間這兩個字，阿香跳了起來，她著急的問：「糟糕！現在幾點了？」幫小特找到媽媽的興奮心情，使阿香差點忘了自己還有其他的責任存在。

阿香突然感到無比的沮喪，她對小特的媽媽說明今天的事。小特的媽媽聽完整件事情的來龍去脈後便抱起孩子，陪著阿香和小花一起走到十六街羅媽媽家的院子裡。

小特的媽媽向其他的成員解釋：「……這就是阿香之所以遲到的原因，我希望你們能諒解她。」

仔細想想

1. 故事中，阿香有哪些無法兼顧的責任？
2. 每一項責任的來源為何？
3. 承擔這些責任各會產生什麼結果？
4. 每項責任各牽涉哪些價值觀和利益？
5. 如果你是阿香，在決定要履行哪一項責任時，你會問自己哪些問題？

找出故事中有哪些責任、價值和利益

請同學們閱讀以下的故事，然後分組討論，回答《運用所學技巧》的問題。

該不該說出來

小傑和小魯是兩名四年級的學生，他們放學後常常一起走路回家。小魯曾經答應媽媽放學後要立刻回家，不在外面逗留。

「小魯」小傑叫住他：「陪我去大賣場好嗎？只要一下下就好了。」

一進店裡，小魯直接走到販賣CD的區域，小傑則被一大排的玩具吸引過去。

小魯找到他想要的CD之後，便去找小傑，看到小傑正趴在地上玩一架模型飛機。

小魯催促說：「走吧！小傑，我們走了吧！」

小傑緩緩站了起來，這時小魯看見小傑把剛剛那一台模型飛機塞進外套

● 小魯在決定要承擔哪一項責任時，應該考量哪些價值和利益？

裡。「小傑，你在做什麼，你為何拿那架飛機？」

「沒有哇！」小傑這樣回答。

小魯很認真的說：「你有，我看見了！你得把飛機放回去。」

「你想怎麼樣？」小傑問。

小魯回答：「我可以告訴這家店的老闆。我覺得偷東西是不對的行為，請你把它放回去。」

「就當你沒看到，這件事沒發生過，不行嗎？」小傑很生氣的說。

「不行，我鄭重警告你，如果你不放回去，我就去告訴結帳的小姐。」小魯很堅持。

「你敢！你試試看！」小傑兇巴巴的說。

運用所學技巧

1. 小魯在故事中有哪些責任？
2. 承擔這些責任，會牽涉哪些價值觀和利益？
3. 這些價值和利益，與小魯所要面對的責任能否同時兼顧？
4. 如果你是小魯，你會怎麼做？為什麼？

活用所知

1. 請改寫「阿香和十六街俱樂部（三）」的故事，試著說明如果阿香為了準時赴約，而決定不幫助小男孩找爸媽的話，會發生什麼不同的結果？

2. 用任何一種你喜歡的音樂風格，寫一首以「責任」為主題的歌曲，表演給全班同學欣賞。（也可以和其他同學合作進行這一項活動）

第七課　如何在無法兼顧的責任之間作選擇（一）

本課目標

　　有時候，我們不只有一項責任，而我們卻沒辦法同時履行每一項責任。這些責任也有可能和我們所看重的價值或利益互相衝突。同學們在這一課會學到有助於在無法兼顧的責任之間作抉擇的「思考工具」。

　　當同學們上完這一課，必須能夠說明可以幫助我們在無法兼顧的責任之間作選擇的「思考工具」中的一組問題，也要能夠運用這些「思考工具」來作決定。

本課新名詞　　緊急程度　相對重要性　資源　替代方案

學習重點

哪些想法有助於你在多項無法兼顧的責任之間作選擇

　　當我們面對好幾項無法兼顧的責任而必須選擇其中之一時，如果先問自己一些問題，可能會更清楚哪些事情是重要的，而需要趕快做；哪些事情比較沒那麼重要，而可以慢點再做。還有，這些事情各會帶來哪些益處和代價，對於幫助我們作決定會很有用處。

　　同學們到現在已經學會了：
- 辨別出所有的責任。
- 清楚各項責任的來源。
- 明白承擔各項責任所產生的不同結果。

■ 確認結果會帶來益處，還是必須付出代價？
■ 評估一下：獲得利益與付出代價之間，哪一項對你比較重要？
■ 認識各項無法兼顧的責任、價值觀和利益。

　　上述都是我們在決定要不要承擔一項新責任時，必須考量的要素。還有一些其他的考慮事項也有助益，仔細思考這些問題，就能讓我們做出合情合理又明智的決定。

　　我們在決定要履行哪一項或哪些責任時，必須考慮以下各項事宜：

這項責任有多緊急？

在好幾項無法同時承擔的責任之中，我們必須知道哪一項比較緊急，也就是需要馬上進行的事項。

☑ 為了防止家裡的小黃狗身上長跳蚤，阿尼答應媽媽今天放學後要幫小黃用藥水洗個澡。可是，他明天一大早得交數學作業。

阿尼的這兩項責任中，哪一項比較急迫？

什麼是責任之間的相對重要性？

在好幾項責任之間作選擇時，我們必須知道哪一項責任比較重要。

☑ 阿尼放學後騎著腳踏車回家。他在路口轉彎時，突然看見一個小男孩站在路中央，唯一能避開而不撞到小男孩的方法，就是讓腳踏車的方向傾倒，撞向道路旁邊的花園。

請想一想這兩項責任的重要程度：（1）避免撞到小男孩；（2）避免壓壞花園。哪一項比較重要？

履行各項責任須花多少時間？

你必須考量完成各項責任所需花費的時間，你有足夠的時間嗎？

☑ 阿尼想利用放學後的時間去打工。他到附近的一家速食餐廳應徵，餐廳的經理告訴阿尼，如果他想要到餐廳工作的話，每天至少得工作四小時。如此一來，阿尼就不可能參加籃球校隊的練習，也沒有時間寫功課了。

可能沒有足夠的時間完成該做或想做的事，這樣的狀況會不會影響阿尼的決定？

承擔各項責任需要哪些資源？

有時候承擔一項責任需要特殊的知識、技巧、工具，或是其他的資源。

☑ 速食餐廳的經理告訴阿尼，如果他想在餐廳工作就需要有一部車，而阿尼連駕照都還沒有呢！

阿尼沒有承擔這份工作所需的資源，會對他的決定發生什麼影響呢？

承擔各項責任還牽涉到哪些價值觀和利益？

想一想，還有哪些很重要的事情是我們必須仔細考慮的，同時也必須考量是非對錯的原則。

☑ 阿尼答應星期六早上幫黛黛複習數學，好準備下週的考試。後來，校長又要求阿尼參與洗車活動，幫忙學校籌募基金。阿尼必須決定這兩項責任哪一項對他比較重要，他希望獲得黛黛的友誼，也想幫忙學校。

在這樣的狀況下，你覺得哪一件事情比較重要？

有沒有其他可行的替代方案？

想想看，有沒有其他方式可以完成這些責任，是一定得親自承擔這些責任？還是可以找別人幫忙？

☑ 阿尼想到可以和黛黛討論複習數學的時間和計畫。如果黛黛同意的話，他可以請阿方來幫黛黛複習，阿尼自己就可以去幫學校募款了。

阿尼的想法如何幫助他在無法兼顧的責任之間作選擇？

　　在面對兩項以上無法兼顧的責任，卻只能選擇其中之一時，以上的各種考量能幫助我們更清楚的做出決定。因此，在作決定之前，應仔細的思考每一項問題。而有時候，只有其中的部分問題對你有幫助。

●還有沒有其他方法，可以幫助阿尼解決無法兼顧的責任的狀況？

解決問題

在無法兼顧的責任間作選擇

請仔細閱讀以下的故事，然後分組討論，完成第55頁「在無法兼顧的責任之間作選擇的思考工具表」。

龍捲風

●在緊急的情況下，你要如何決定承擔哪些責任？

龍捲風是北美洲大陸中西部常見的一種氣候現象。

風瀑鎮是位於美國中西部的一個小城鎮。有一年春天，一個強烈的龍捲風侵襲小鎮的中心，嚴重損毀許多房屋和商店。強風颳斷無數的電線，並破壞了整個城鎮的通訊系統，掉落的電線在各處引發接二連三的火災。

　　湯姆是風瀑鎮公路管理局的主管官員，風災發生後，他在鎮上開車巡邏，看見到處都有民眾忙著滅火，企圖在倒塌的牆壁底下、在瓦礫堆中尋找失去或幸運生還的親人和朋友。

　　然而，新的火苗依然不斷冒出來，整個城鎮的供水吃緊，水壓愈來愈低，湯姆從無線電中接收到從各處不斷傳出的求救訊號。他也用無線電連絡鄰近的城鎮尋求支援，鄰鎮消防中心的回應是，他們有充裕的消防設備，甚至還多了一輛消防車，但問題是現在沒有駕駛員可以把消防車和設備運送到風瀑鎮。

　　鄰鎮距離風瀑鎮有十六公里遠，如果湯姆能開車過去，他們很樂意把消防車和相關設備借給風瀑鎮使用。對湯姆而言，這表示他必須暫時拋下需要緊急救助的風瀑鎮居民。

　　正當湯姆決定要出城去時，他聽見住在他家隔壁的鄰居和最好的朋友大聲地向他呼救。當下，他真不知道該怎麼做才好！

運用所學技巧

1. 「在無法兼顧的責任之間作選擇的思考工具」，如何能幫我們在這樣的情形下作決定？
2. 為什麼在相同的情況下，不同的人會有不同的決定？

活用所知

1. 請試著想出一個無法兼顧的責任的情況，並用一則短篇故事來描述這個情況，同時和班上同學分享，你故事裡的人物最後做了怎麼樣的決定，以及他們如此決定的理由。

2. 訪問一位律師、醫生、法官、社工，或是其他常常會在無法兼顧的責任之間作選擇的人，請他告訴你，他如何作決定，並將受訪者的想法和我們在這一課學到的「思考工具」做個簡單的比較。

在無法兼顧的責任之間作選擇的思考工具	責任1	責任2
1.有哪些責任？		
2.這些責任的來源是什麼？		
3.承擔每一項責任各有什麼結果？		
4.哪些結果會帶來益處？哪些得付出代價？		
5.這些責任有多緊急？		
6.這些責任間的相對重要性如何？		
7.承擔這些責任各需要花多少時間？		
8.承擔這些責任各需要哪些資源？		
9.這些責任還牽涉哪些其他的利益和價值觀？		
10.有沒有其他的替代方法？		
11.如果是你，你會怎麼做？為什麼？		

第八課　如何在無法兼顧的責任之間作選擇（二）

本課目標

同學們將在這一課中學習如何運用先前所學的技巧，在無法同時兼顧的責任之間作抉擇。本課所涵蓋的責任包括社區議題，因此在課程進行中，大家將會參與一次公共的會議。

上完這一課，同學們應該能夠說明如何運用「思考工具」，幫助我們在無法兼顧的多項責任間作選擇。

參與公聽會

針對一項公共議題，你能不能評估所有狀況，做出決定並捍衛自己的立場

中途之家是給觸犯法律的青少年暫時居住的團體家庭。少年法庭有時會判定讓一個青少年孩子到中途之家居住一段時間，因為他還沒辦法回到自己原本的家庭裡。

有時，住在團體家庭對青春期的孩子比較好，中途之家的負責人就像是他們的父母親，督促孩子們確確實實去上學，管理孩子的日常活動，並落實讓孩子們接受輔導或是其他必須的協助。

中途之家必須經政府核准並取得執照才能設立，政府的社會工作人員還會定期的到各中途之家訪查，確定家中時時保持清潔和安全，並確認居住在那裡的年輕孩子獲得適當的保護和照顧。

請先研讀下面的故事，然後老師會指導同學們如何參與一項公聽會。

社區要負責任

棕櫚市是一個中型城市，最近棕櫚市裡的青少年犯罪事件愈來愈多。

因此，最近市議會正研究計畫運用稅金來成立一所中途之家。這將是一個非常現代化的團體家庭，讓少年法庭可以短期安置有需要的青春期小孩，讓他們在那裡接受所需的服務，並幫助他們解決問題。

何議員是棕櫚市北區選出來的議員，他不知道該不該贊同這項提案。因為根據議會的規劃，中途之家的地點將設置在北區，也就是他的選區。該選區裡的居民大部分都不贊同這項計畫，因為他們不想讓中途之家就設在自己的住家附近。

住在北區的居民們擔心，如果中途之家設在這裡，附近的青少年犯罪率會因此而增加，有些人表示他們害怕家裡可能會遭小偷，有些人則說他們會不敢走在街上，因為街道將不再安全。

何議員知道自己必須代表北區民眾的心聲，同時他也沒忘記自己對社區中的年輕孩子也有一份責任。

許多年輕孩子需要幫助，他們需要適當的監督和輔導，並且必須遠離會令他們陷入犯罪的種種麻煩。如果這些孩子沒有獲得適時的協助，整個棕櫚市的

●一位市議員該如何決定自己應履行哪些責任呢？

青少年犯罪問題將更加嚴重。

於是，何議員在北區召開一場公聽會，了解選民的意見，然後再決定該怎麼做。

準備參與公聽會（一）：參與公聽會的各組成員及立場

老師會把全班分成幾個小組，其中一組扮演何議員和他的工作人員，其他各組則分別扮演該社區不同的民間組織和地方機關的角色。

■ 第一組：何議員和他的工作人員

北區的居民投票選出何議員，由何議員在市議會中代表北區的選民。而整個棕櫚市都是何議員的服務對象，包括有問題的年輕孩子，你們希望儘可能做出最好的決定。

■ 第二組：社會服務處

你們認為照顧年輕人的需要是市議會的一項重要責任，因此希望何議員能贊成並支持這項計畫，你們也知道其他社區的居民，很可能都會和北區的居民用相同的理由，反對在自家附近設立中途之家。

■ 第三組：北區敦親睦鄰組織

你們不希望何議員贊成這項計畫，相信他應該知道自己有責任維護北區的治安和居民的身家安全，你們也擔心北區的房地產價值會因為中途之家的設立而下跌。

■ 第四組：青少年正義聯盟

你們負責替違法的青少年進行行為改正及再教育工作，你們非常認同中途之家

的服務工作。你們相信，如果行為偏差的青少年未能及時獲得幫助，將來會變成更嚴重的社會問題。因此，你們非常希望市議會趕快通過這項計畫。

■ 第五組：北區工商團體

你們認為何議員最首要的責任，是要為選他的選民爭取最大的利益。你們在選舉時捐了很多錢並投入許多義務工作，你們不希望他支持這項計畫，因為這對北區的工商經濟會有不利的影響。

準備參與公聽會（二）：各組職責以及開會的事前準備

● 扮演何議員和工作人員的那一組要完成「在無法兼顧的責任之間作選擇的思考工具」、負責主持會議程序，同時還必須準備問題詢問各小組。

● 其他每組人員也都需先完成第55頁的「在無法兼顧的責任之間作選擇的思考工具」。各組成員必須利用「思考工具」中的資料作成簡報，並選出其中一人在公聽會中代表該組向全體成員提出報告，其他組員則須負責回答何議員和他的工作人員所提出的問題。

公聽會的進行程序

何議員召集各組人員開始進行會議。首先，請各組輪流提出報告，然後由何議員和工作人員向各組提出問題。

聽取各組的報告和回答後，何議員和工作人員要對目前的情況展開詳細的討論。然後，必須做出是否贊同市議會這項計畫的決定，並向參與會議的所有成員說明如此決定的理由。

仔細想想

1. 你同意何議員的決定嗎？為什麼同意？或為什麼不同意？
2. 為什麼居民不認同市議員所要承擔的責任？
3. 在目前的情況下，何議員有沒有其他承擔責任的方法？
4. 「在無法兼顧的責任之間作選擇的思考工具」對你在準備公聽會時，有沒有幫助？

UNIT 4

第四單元：誰該負責任

●圖片中不同的情況，都各有該負責任的人，分別是哪些人呢？

單元目標

　　現在同學們已經知道「責任」是指一個人有義務要去做，或是不去做某件事情。我們也學會了有助於決定要不要承擔某項責任所需要的技巧。

　　我們知道如何決定要不要承擔一項新責任，也懂得如何在無法同時兼顧的多項責任之間作選擇。

　　現在，我們必須再進一步的從另一方面思考責任的問題：個事件發生後，如何決定誰該為這個事件負責。

　　例如，在下列的狀況發生時，我們總是希望清楚的知道誰該負責：
● 意外事故
● 違法事件
● 科學上的新發現
● 新產品的發明

　　在這個單元中，我們要學習判斷一個事件的發生，什麼人應該為這件事負責任，也會再學到一組新的「思考工具」，用來幫助判斷誰該負責任。

LESSON9

第九課　為什麼要決定誰該負責任

本課目標

在這一課中，同學們將學到當一個事件發生後，我們必須找出誰該為這件事情負責任。從故事中，我們會明白為什麼需要知道誰是該負責任的人。

上完這一課，同學們必須能夠說明為什麼我們得決定誰該為什麼事情負責任，也要明白為什麼這樣的決定往往相當困難。

本課新名詞

獎勵　懲罰

學習重點

為什麼當一個事件發生後，我們想知道誰該為這件事負責

下面的三個例子，可以用來說明一個人該為所發生的事情負責任的狀況：

☑ 老師認為數學小老師貝貝要為班上贏得數學競賽冠軍負責。

☑ 阿唐偷偷拿走小西的作業簿，他得為這件事負責。

☑ 市政府決定：到公園野餐的民眾必須對公園裡嚴重的垃圾問題負責。

我們想知道誰該為某一件事情負責的原因還很多：

我們常常因為某個人做了某件事而想獎勵他，想給他一份獎賞或是用某種方式來肯定他所做的事。

☑ 因為貝貝的努力使班上贏得數學競賽的冠軍，老師想獎勵她。

我們懲罰某個人的行為，目的可能是要處罰這個人，也可能是要他對自己的行為做出補償或想辦法恢復原狀。

☑ 我們希望阿唐把作業簿還給小西。

我們常常想要運用這些資訊來作為日後的行為準則。知道在什麼情況下該由誰負責任，有助於我們決定自己日後的行為。

☑ 議會希望對在公園野餐這件事設立嚴格的管理辦法。

懲罰

對於錯誤行為，施予特殊負擔或剝奪，作為回應錯誤的方式。

● 為什麼知道誰該為某件事負責能幫助我們決定自己的行為？

解決問題

你能決定誰該負責嗎

上次「阿香和第十六街俱樂部」的故事，提到阿香正在考慮要不要幫助小特找他的爸媽。而這一次，阿香和他的朋友們得決定誰該為俱樂部基地此時此刻發生的事情負責任。請閱讀以下內容，然後分組討論，並回答後續的問題。

阿香和第十六街俱樂部（四）

某一天，欣欣和小利在學校裡與沖沖地通知阿香關於俱樂部的好消息。

原來，阿倫在前一天晚上打電話跟欣欣說：「羅媽媽十分讚許我們在建造俱樂部基地時的工作態度，因此願意將她家的庭園提供出來讓我們種花、種菜。」

阿香回答：「太棒了！如此一來，我們就可以賣花卉和蔬菜賺錢，為社區中需要幫助的居民募款。」

當天晚上，阿香問爸爸能否借800元給他們，用來購買植物的種子和其他的園藝用品。爸爸很豪爽地答應了，並且說：「你們可以在賣掉花和蔬菜之後再還我錢。」

● 十六街俱樂部的成員中，是誰在負責規劃和設計俱樂部的各項活動？

「那真是太好了，在下次俱樂部開會的時候，我會告訴大家。」阿香回答

星期六早上俱樂部開會時，阿香把她的想法告訴欣欣、小利、阿倫，經過一番討論後，大家決定向阿香的爸爸借錢，並負起償還借款的責任。

阿倫興奮的說：「這樣，我們就可以用賺到的錢來幫助社區裡有需要的人們了。」

阿香自願為大家安排一個栽種和照顧庭園的進度表，她說：「我們明天就可以開工了。」

● 誰該負責修復俱樂部的損失呢？

阿克是十六街俱樂部成員的同班同學，他老是欺負其他的小孩，還常常故意找別人的麻煩。有天晚上，阿克想偷偷的溜進俱樂部基地，但因為天色很暗，他點燃一根火柴，好讓他能順利找到大門的位置。

「私人俱樂部……」阿克看著門上面的字，皺起眉頭很不服氣的說：「哼！他們自以為了不起。」然後，推開俱樂部的門大搖大擺走了進去。

小屋裡一片漆黑，阿克不知道被什麼東西絆到腳，整個人摔了下去，手上的火柴掉在地上，俱樂部開始燒了起來。

阿克急忙的想要滅火，可火苗卻愈燒愈旺。這時，羅媽媽剛好從窗戶裡看到院子中的竄出的火焰，於是她馬上拿了滅火器衝出來，很快地就把火給撲滅。

羅媽媽環顧四周，檢查這場火所造成的損害。第二天，羅媽媽告訴阿倫她發現阿克進到俱樂部基地，以及發生火災的事情，她說：「剛剛才重新油漆過

的庭院圍牆，已被煙薰成一片漆黑。」

　　星期一早上到學校時，阿倫問阿克是不是準備要對那場火災負責？阿克很小聲的回答：「我又不是故意的，我只是想在裡面留一張紙條給你們。」

　　阿倫表示：「如果不是你偷偷溜進去的話，那場火災根本就不會發生！現在，我們所有的工作都得重做，而你必須負擔我們所有的費用。」

　　星期一下午，羅媽媽提出另一項建議：「為什麼不讓阿克親自油漆圍牆和清理俱樂部基地來做為補償呢？」

　　週末，阿克很努力的在羅媽媽的院子裡油漆圍牆和清理庭院。最後完工時，阿克問大家：「這樣能夠彌補我造成的損失了嗎？」

　　「可以了！」阿香和阿倫一起回答。

　　●「判斷誰該負責任」這件事會如何影響大夥兒的決定呢？

　　阿克說：「你們很公平合理，我對自己所犯的錯感到很抱歉。現在我已經修補了我所造成的損害，請問可不可以讓我加入你們的俱樂部呢？」

　　當天下午，阿香、小利、欣欣和阿倫一起討論，然後決定同意讓阿克加入他們的俱樂部。

　　那個暑假，俱樂部會員們努力的種植各種蔬菜和花卉、細心照顧他們的庭園，新長出來的植物看起來健康又強壯，阿香用心確保植物每天都能獲得適當的灌溉，並隨時去除庭院中的雜草。

　　有天早上，所有的會員們都聚集在庭園裡工作，他們發現居然有一小塊花圃上的植物被連根拔起，全部都乾枯死掉了。

　　欣欣哭喊了出來：「有人想要摧毀我們的庭園！是誰？誰該為這件事負責任啊？」

　　「看來好像是有人在這裡挖洞」小利盯著地面上一個個的凹洞說。

　　「說不定是小狗，或是其他的小動物，」阿克說出他的想法。

　　阿倫大叫：「你們看這裡！籬笆下面有個洞。一定是隻走失的狗弄壞了我們的花圃，牠一定是昨天半夜裡從這裡跑進來的。」

　　「我們趕快把籬笆修一修吧！這樣，那隻狗就不會再跑進來了。」阿香提議。

　　大家把籬笆修補好後，俱樂部再也沒有發生其他的狀況。整個夏天，每位俱樂部會員都不辭辛勞的細心照料庭園裡的每一株植物。

　　在秋天即將來臨時，阿香又為大家安排採收蔬菜和花卉的工作，然後在院子裡擺了一個攤位來賣這些採收好的農作物，她也為大家排好照顧攤位的輪值表。

　　當計畫全部完成時，俱樂部會員一夥人開心的聚在一起計算他們總共賺了多少錢。「哇！我們居然賺了超過6,600元呢。」欣欣好興奮的宣佈。

「沒有那麼多啦！我們得先還800元給阿香的爸爸。」阿倫連忙解釋。

阿香開心的說：「儘管如此，我們還有很多錢可以幫助有需要的鄰居們。」

接下來的幾個星期，俱樂部會員們到超市去買各種食物和日用品，並把要送給小朋友的玩具包裝得漂漂亮亮的，然後把所有的東西放在盒子裡分發給鄰居們。當然，這也都是阿香為大家規劃的。

夏末時，所有的會員在俱樂部基地集合，討論下一個計畫要做些什麼。這時，突然響起一陣很用力的敲門聲。

「請進。」小利大聲的回應。

俱樂部的大門被推開，他們看見羅媽媽和一位個子很高，穿著深色西裝的先生站在門口。羅媽媽對大家說：「孩子們，我要你們來見見我們的市長——賴市長。我已經把你們俱樂部所做的公益活動都告訴賴市長了。」

● 十六街俱樂部的會員中，誰該為計畫的成功而接受獎勵呢？

　　賴市長說：「是呀！孩子們，我們很想知道你們是如何開始這一項計畫的？這樣，我們才能把你們做的好事情和其他社區分享，我們也想頒獎給你們這個計畫的負責人，獎勵他所有的辛勞。」

仔細想想

1. 故事中發生了什麼事情，以致於某一個人必須對那件事情負責任？
2. 為什麼在故事中，大家都想知道誰該為所發生的事情負責任？
3. 哪些時候我們找出誰該負責任時，是為了要獎勵他？
4. 哪些時候我們找出誰該負責任時，是因為要懲罰他？
5. 哪些時候知道誰該負責任，可以作為日後的行為準則？

活用所知

1. 將班上同學分組，每個小組構想一個劇本，改編「阿香和十六街俱樂部
   （四）」的情節，各組輪流上台表演。各組編的劇本有哪些相似的地
   方？有哪些不同的地方？

2. 從報紙、雜誌或網路上蒐集關於某些人要為某件「好事」或「壞事」負
   責任的例子：
   ● 如何決定哪些人該為哪些事情負責任？
   ● 當認定他們該負責任時，會發生什麼事情？

MEMO

LESSON10

第十課 如何有效的決定誰該負責任

本課目標

在這一課，同學們會學到一組新的「思考工具」，這組問題能幫助大家決定誰該為某件事情負責任。在文章裡，我們要用這組「思考工具」來判斷什麼人該為一件意外事故負責任。

上完這一課，同學們必須能夠運用「思考工具」，決定誰該為所發生的事件負責任。

本課新名詞 故意 疏忽

學習重點

如何決定誰該負責任

不論在學校、社區或政府機關裡，人們每天都會面對誰該為各項已經發生的事件負責任的問題。有時候，我們很容易判斷該負責任的人是誰；有時要弄清楚責任的歸屬卻非常困難。

假設我們現在要決定誰該為某一件事情負責，這組「決定誰該負責任的思考工具」就能幫忙作決定。

同學們或許會發現，這組「思考工具」裡的問題，並不全然在每一個情況下都能

適用。不過,我們還是可以運用這組問題詳細的檢查每一個項目,確定我們在作考量時,沒有忽略掉任何細節。

以下就是有助於我們「決定誰該負責任的思考工具」:

1. 發生了什麼事情?

   決定誰該負責的第一步就是確認事件,也就是發生了什麼事情?

   ☑ 這個事件可能是:
   - 車禍
   - 待醫治的疾病
   - 學校裡的公物遭到破壞
   - 學校游泳隊參加比賽得到冠軍

2. 哪些人被認為可能應該為這件事負責任?

   我們必須判斷誰該為發生的事情負責。

   ☑ 撞毀劉先生的車子的駕駛是安先生。

   ☑ 賈博士在醫學實驗室工作,他發明了一種新的治療方法。

3. 為什麼這些人被認為是導致事件發生的原因?

   這些人當時的行為,對發生的事件產生哪些影響。

   ☑ 安先生當時在轉收音機,沒有注意到對向車道有車過來。

   ☑ 賈博士主持他的醫療實驗室,帶領研究人員在老鼠身上做研究,並詳細的製作研究報告和實驗筆記。

4. 當時這些人的心理狀態如何?

   我們必須理解在事件發生時,這些人的心裡在想什麼,下面是有助於我們更清楚的思考這個部分的另一組問題。

   ■ 這個人是不是故意的?這個人刻意的要使這樣的事情發生嗎?

   ☑ 安先生撞到劉先生的車是因為他看劉先生不順眼?還是單純的因為他沒有注意到有車過來?

   ☑ 賈博士在實驗室裡用老鼠做實驗,傷害到老鼠是因為要找尋治療疾病的方法嗎?

■ 這個人是疏忽、不小心的嗎？這個人是不是應該注意卻不夠注意？

  ☑ 安先生在轉收音機，完全沒有注意路況。

  ☑ 有一天，賈博士的兒子生病了，賈博士提早離開實驗室帶兒子去看病，那天忘了餵食實驗室裡的小動物。

■ 這個人知不知道可能會發生的結果？這些人是否在事件發生前有充分的認識，知道自己的行為可能會造成什麼樣的結果。

  ☑ 安先生知道，如果開車不小心，就可能發生車禍。

  ☑ 賈博士知道，如果沒有小心翼翼的進行每一項實驗，結果就可能出錯。於是，賈博士打電話給助理，請助理幫他餵那些小動物。

故意

做某個行為時，心中已經明白會產生某個預定的結果。

疏忽

指應注意或是有能力注意，卻未注意的情形。

5. 這些人能不能控制當時的狀況？

  如果他無法控制當時的情況，就沒辦法為當時發生的情況負責任。

  ☑ 車禍發生時，小喬和珊珊在安先生車上。撞車的那一刻，小喬無法避免的撞向珊珊，造成珊珊的手臂骨折。

  ☑ 賈博士確認助理按照他所交代的完成工作，並且確認實驗的結果正確無誤。

6. 這些人有沒有義務不那麼做呢？

  一旦明白了每一個人的行為，對所發生的事情會產生哪些影響，便可以判斷這個人有沒有義務不做他已經做了的事。

  ☑ 安先生有小心開車，維護行車安全的義務。

  ☑ 賈博士有確認每項實驗安全的義務。但是，有些人認為賈博士應該用電腦模擬來取代活體的動物實驗。

7. 這些人的行為是否帶來某些利益或是好的價值？

  如果有，請試著說明。有時重要的利益或價值可以協助解釋人們的行為。

  ☑ 路人張先生在車禍現場，打破安先生的車窗，及時救出小喬和珊珊。

解決問題

你能決定誰該負責任嗎

　　請仔細研讀以下這個由真實事件改編的故事。閱讀完後，請分組討論並完成第77頁「決定誰該負責任的思考工具」。

火車站的意外事件

　　潘太太站在月台上等火車，她正要搭乘北迴鐵路的火車到花蓮旅遊。潘太太看到月台的另一側有一輛列車緩緩進站，好多旅客上下車，然後汽笛再度響起，火車即將開動。

　　這時，有兩個人突然衝過來想要趕上這班車。其中一個人順利衝上了車，另一個人提著一個大行李箱，也奮力往火車上跳，但他的身體卻開始向下滑落。

　　一名警衛趕過來幫忙拉他起來，另一名警衛則站在月台上從背後推他，結果推拉之間，那個大行李箱滑落到鐵軌上。

　　誰也沒想到，行李箱裡裝滿了爆竹和煙火，一碰到鐵軌就發生爆炸，一大段月台被炸毀，潘太太也受到波及而嚴重受傷。

● 我們如何判斷誰該為這個意外事件負責呢？

運用所學技巧

1. 在認定誰該為這件意外事故負責時，你和班上其他同學的看法相同嗎？相同的理由是什麼？不同的理由是什麼？
2. 為什麼人們在認定誰該為這件意外事故負責時，有不同的意見？
3. 「決定誰該負責任的思考工具」能否幫助你更清楚的了解這一個事件？

活用所知

1. 你是否曾經有過判斷誰該為某件事情負責任的經驗？如果運用這組「思考工具」會不會更有幫助？試著描述你的經驗，並且把「思考工具」套入放到你的情況中，然後和全班同學分享你的故事。

2. 觀賞一部關於法庭審判的電視影集或是電影，仔細傾聽戲劇中律師們和法官所說的話，找出其中類似「思考工具」的想法，並向全班同學報告你的心得。

決定誰該負責任的思考工具	
1.發生了什麼樣的事件或情況？	
2.哪些人被認為可能應該為這件事負責？	
3.為什麼這些人被認為是導致事件發生的原因？	
4.當時這些人的心理狀態如何？ 　a.是故意的嗎？ 　b.有疏忽嗎？ 　c.是否知道可能會發生的結果？	
5.這些人能不能控制當時的狀況？	
6.這些人有沒有義務不那麼做呢？	
7.這些人的行為是否帶來某些利益或是好的價值？	
8.你認為誰該為這個事件負責？為什麼？	

▌第十一課　誰該為意外事件負責任

本課目標

　　同學們在這一課要嘗試運用所學的技巧,判斷社區中發生的某件事情該由誰負責。班上要舉行一場法庭審判的角色扮演活動,學習決定誰該為一個意外事件負責任。

　　上完這一課,同學們必須能夠說明,如何運用「思考工具」幫助你決定誰該為所發生的事件負責任。

 本課新名詞　　法官　原告　被告　證人

模擬法庭

在決定誰該負責任時,你能衡量、決定並堅持你的立場嗎

　　請研讀以下故事。閱讀後,老師將指派同學擔任故事中的各種角色,並協助大家準備舉行一場法庭審判。

熱氣球之旅

　　趙先生是位熱氣球的玩家,他有一個很大、很漂亮的熱氣球,一次可以乘載三個人。如果天氣不錯,幾乎每個週末趙先生都會搭乘他的熱氣球到處去

玩，有時候也會帶家人或好朋友一起去。

　　某個週末，趙先生和他的女兒美美準備要搭乘熱氣球升空，熱空氣漸漸的充滿氣球，他們倆也隨著熱汽球離開地面緩緩上升，飛越鄉村的上空。

　　過了一會兒，氣球裡的空氣慢慢變涼了，必須趕快再加熱才行。於是，趙先生說：「美美，我們應該要快一點把加熱器打開，不然氣球會掉下去！」

　　「好的，爸爸。」美美回答。「糟糕！火怎麼點不著呢？」

　　趙先生聽了也嚇一跳：「怎麼會這樣？我出發前才檢查過所有的裝備啊！」

　　這時氣球隨著風勢慢慢的向下落，趙先生告訴美美：「我們得找一個安全的地方降落。」

　　他們一路向下，先飛越過一座有著滿滿的人群在野餐的大公園，再過去就是一片玉米田。

　　「就這裡吧！」趙先生說著便將氣球駛向玉米田。當氣球落地時，還被風往前拖行了一段距離，因而損毀了一小部分田裡的玉米。

　　在公園裡野餐的人們，遠遠地看見熱氣球掉下來。於是，

一大群人急忙跑到玉米田這邊來看究竟發生了什麼事情。他們驚呼著：「在那裡！在那裡！有人出事了！」其中，一位先生一把抓住熱氣球上的繩子一邊喊著：「大家抓住繩子一起用力拉！」只見一群人拚命地使盡力氣想把熱氣球扶起來，但卻紛紛摔倒在田裡，損毀了更大一片的玉米田。

農夫魏先生是這片玉米田的主人。他跑過來看到當下的情景，很生氣的揮起拳頭說：「你們要賠償我玉米田的損失。熱氣球根本是一種危險的活動，誰敢玩熱氣球就得為熱氣球造成的問題負責任！」他又轉過身去對著人群大罵，說他們只是想來湊熱鬧，根本就是愈幫愈忙。有些人贊同魏先生的說法，一位女士表示：「要讓氣球停下來只需要兩三個人就夠了，你們其他的人只是讓問題更嚴重。」

魏先生轉向趙先生：「氣球先生，還有你們這些踩進我田裡的人，都得負責賠償我農作物的損失。」

趙先生和過來幫忙他拉繩子的人們，都不敢相信他們所聽見的話。他們的反應是：「所有發生的事情，又不是我們可以控制的。」

於是，大家決定上法院，請法官來裁決。

準備參與模擬法庭（一）：參與法庭審判的各組成員及立場

由老師指定班上同學擔任下面各個角色：

1. 當事人
   - ■被告 a. 趙先生
   - 　　　b. 趙美美
   - 　　　c. 想幫助趙先生的人
   - ■原告　魏先生
2. 證人
   - a. 贊同魏先生的人
   - b. 其他看到事情發生的人

原告

是指在法律訴訟程序中，提起訴訟的一方當事人，其相對方稱為被告。

被告

是指在法律訴訟程序中，遭原告請求或被追訴其犯罪者。

3. 律師
　　a. 趙先生的律師
　　b. 魏先生的律師
4. 法庭中的其他角色
　　a. 法官
　　b. 法警
　　c. 書記官

準備參與模擬法庭（二）：各組職責以及參與法庭審判的事前準備

● 班上的每組成員都必須完成第77頁的「決定誰該負責任的思考工具」。
● 當事人組必須了解自己角色的立場，為自己的角色主張權益。
● 證人組必須了解自己角色的立場，為自己的角色主張權益。
● 律師組必須整理你所代表的當事人的主張，準備問題詢問證人。
● 法庭中的其他角色組必須了解審判的程序。

● 法官如何決定誰該為某件事情負責任呢？

模擬法庭的進行程序

● 法官說明案件。
● 原告律師說明原告的主張。
● 被告律師說明被告的主張。
● 原告律師詢問證人。
● 被告律師詢問證人。
● 法官詢問原告、被告及代表雙方的律師。
● 法官決定這個案件中是否有人該為所造成的損失負責任？

如果是，應該是誰？並說明理由。

仔細想想

1. 你同意法官的決定嗎？為什麼同意？或為什麼不同意呢？
2. 在這個案件中，為什麼人們對誰該負責任有不同的看法？
3. 你能不能想到其他類似這個案件的情況呢？
4. 「決定誰該負責任的思考工具」對你在準備參與模擬法庭時有沒有幫助？

MEMO

▌第十二課　如何決定誰該為社區活動負責

本課目標

　　同學們在這一課，要運用先前所學的技巧，來決定誰該為社區中發生的某一個事件負責任。大家將參加市議會的公聽會，幫忙決定誰該為社區服務得獎。

　　上完這一課，同學們必須能夠說明，如何運用「思考工具」幫助你做判斷和決定。

本課新名詞

被提名人

參加公聽會

在決定誰該為社區中的一項團體活動負責任時，衡量、決定，並堅持立場

　　請先研讀以下的故事，然後準備參加一場模擬市議會公聽會的角色扮演活動。

社區大改造

　　明德國小附近屬於老舊的社區，那一帶的建築物和商店又亂又髒，牆壁和欄杆上盡是粗俗難看的塗鴉，街道上也堆滿了垃圾。

明德國小本身的校園很明亮乾淨,但是每天進出校園必經的路程,對老師和同學都是很不舒服的經歷。

明德國小的張校長不想讓老師和學生們覺得上學的這段路途很不愉快,於是在召開校務會議時,邀請全校教職員和家長們共同商討,有什麼辦法能改善學校周圍的狀況。最後,由家長會向各班發起了宣導活動,宣佈學校要舉辦一項清潔比賽和壁畫競賽。

活動宣傳單上寫道,學校邀請了一位藝術家包美麗小姐,來幫助學生們一起在社區的牆面上製作壁畫。這位藝術家曾經在其他的社區進行類似的工作,當壁畫完成後,那些地區原本粗俗不雅的塗鴉的問題自然隨之減少,整個社區的景觀變得清爽宜人。包小姐認為進行這件工作的重點,便是要由學生們自己來設計和繪製牆壁上的圖案。

宣傳單上也鼓勵學生們,盡量對壁畫提出各式各樣的想法並作成設計圖,交給由學生、老師、家長與校長組成的委員會進行評選。參加評選的學生很踴躍,最後委員會從參賽的作品中選出了最適合的五張設計圖。

每個星期六的早晨,所有願意來幫忙進行壁畫製作的同學們在學校集合,大家一起打掃社區和進行壁畫的繪製。

為了讓事情能順利進行,熱心的家長們還提供各種繪畫用具,並協助與監督繪畫和清潔的過程。社區裡有一間佳佳五金材料行自願提供所需要的油漆給孩子們,也有一些家長們為大家準備了豐富的餐點和飲料。

包美麗小姐指導學生們如何清除原來牆面和欄杆上的塗鴉、如何用刷子搭配噴漆來畫畫,以及該如何選擇適當的顏色。

● 當社區裡有好事發生時,如何決定誰該負責任呢?

張校長總是陪著學生們工作到很晚才回家,她毫不鬆懈的監督整個過程的進行,適時地幫助學生和家長們。她和社區裡的居民、學校主管機關,以及當地的各組織或團體溝通,讓大家都了解孩子們在做些什麼。

整個社區因為這次的大改造,而充滿著興奮和歡愉的氛圍。當地的報紙「每日新聞」也派好幾位記者過來採訪,他們詳實的記錄這一項計畫和孩子們的表現。此外,電視台的新聞節目也訪問了學生們和家長們。

市議會決定要表揚這個計畫和參與計畫的人員,他們想頒發一座「社區服務熱心」獎給這項計畫的負責人。於是,他們召開一項會議來決定應該要把這座獎項頒給誰。

準備參與公聽會（一）：參與公聽會的各組成員及立場

老師將全班分組,各組在市議會中將扮演不同的角色,其中一組擔任市議會成員,有些小組扮演關心市政的團體及民眾。

■ 第一組：市議會
你們代表全體社區,必須客觀的決定誰最適合得到這項榮譽。

■ 第二組：社區敦親睦鄰組織
你們對每一個人的付出感到驕傲,大家的參與協助使整個社區煥然一新。

■ 第三組：學校校務會議代表
你們對這項工作的成果感到滿意,相信這會讓明德國小更受家長們的喜愛。

■ 第四組：媒體記者
在工作進行中,你們採訪了很多人,相信這種新的社區精神,對整個城鎮有很好的激勵作用。

■ 第五組：當地的企業領袖

因為社區環境改善，當地的經濟開始復甦。有愈來愈多的顧客願意到這一區來買東西，而不再跑到較遠的賣場購物，你們希望能多鼓勵類似的社區計畫。

準備參與公聽會（二）：各組職責以及參與公聽會的事前準備

- 各小組必須先完成第77頁的「決定誰該負責任的思考工具」。
- 扮演市議會的小組先選出一人擔任主席，主持這次的公聽會。
- 每一小組應先討論，選出你們認為最該得獎的被提名人，向市議會提出簡單的報告，說明為什麼你們提名的這位候選人最值得獲得獎賞。
- 市議會小組必須根據「決定誰該負責任的思考工具」，在各組作簡報後提出問題。

被提名人

被提出來作為獲得榮譽或獎賞的候選人。

市議會公聽會的進行程序

市議會的主席宣佈公聽會開始進行，然後邀請每一組輪流作簡報，在每組的簡報之後，市議會的其他成員可以向那一小組提出問題。

所有的小組報告完畢後，市議會小組必須進行討論，然後投票表決最後應該由誰獲得這項殊榮。市議會小組必須向全班同學說明結果和理由。

仔細想想

1. 你同意市議會的決定嗎？為什麼？
2. 為什麼不同小組對誰該得獎會有不同的意見？
3. 想想有沒有其他事件，也是要決定應該由誰得到獎賞的狀況？
4. 在準備參與市議會的公聽會時，「決定誰該負責任的思考工具」對你有哪些幫助？

學習思辨的智慧

散播正義的種子

推展法治教育向下扎根

我們的孩子是否能夠在班上和同學討論問題，制定共同的規則？

在人權日益受重視的時代，我們的孩子是否能尊重自己，也尊重別人？

是否學會在個人利益和公共利益間找尋平衡點？

未來能否善盡社會責任，成為社會的好公民？

我們的社會是否能藉由教育，而成為講公平、求正義的公義社會？

民主基礎系列叢書

兒童版（適用幼稚園及國小中低年級學生）　　少年版（適用國小高年級及國中學生）

公民版（適用高中以上學生及社會人士）

民主基礎系列教學光碟索取辦法：

為方便教師在校園內進行民主基礎系列教學使用，本中心特徵得「美國公民教育中心」同意後改作成PPT檔。個別學校如需索取教學光碟，請來函索取並填寫校園使用同意書，一校限索取1片，請附回郵（勿貼）寄至**民間公民與法治教育基金會收**　即可。

本中心已開放索取的教學光碟有：

- 兒童版（權威、隱私、責任、正義）郵票40元
- 少年版（權威、隱私、責任、正義）郵票40元
- 兒童版＋少年版　　　　　　　　郵票50元

更多教學資訊請見 法治教育資訊網：http:// www.lre.org.tw

民間公民與法治教育基金會捐款專戶

銀行轉帳
戶名：財團法人民間公民與法治教育
　　　基金會
銀行：玉山銀行 城東分行（銀行代號：808）
帳號：0048-940-000722（共12碼）

郵政劃撥
戶名：財團法人民間公民與法治教育
　　　基金會
帳號：50219173

民間公民與法治教育基金會

地址：台北市松江路100巷4號5樓
電話：(02)2521-4258
傳真：(02)2521-4245
Email：civic@lre.org.tw

老師，你也可以這樣做——校園法律實務與理念

本書是國內第一本兼顧法律與教育角度，來討論校園問題的專書。
全國教師30,000本銷售口碑

15位教師與法律人，50題問答。想知道如何化解校園中師生對立的緊張關係？如何營造良好的學習環境、培養現代社會的優良公民？本書正是絕佳的法治教育教材，每一位老師、家長，都不容錯過。